難しいこと分からなくても

フリーランスがお得に節税できる申告の仕方教えてください！

税理士 益田あゆみ 監修

つちや書店

はじめに

サラリーマンの時は会社が計算して納めていてくれていた税金も、フリーランスになれば自分で把握して納めなければなりません。しかも申告すれば節税できる状況であっても、自分が気が付かなければそのまま。税金を多く支払ってしまっていることだってあるんです。

そして、フリーランスが避けては通れない確定申告。２０２０年、新型コロナウイルスの感染拡大により、売り上げの減少した事業者を下支えするため、フリーランスも対象となる「持続化給付金」「家賃支援給付金」という給付金が設けられました（２０２１年2月15日申請受付終了）。

「持続化給付金」は、条件を満たせば営業自粛などにより大きな影響を受けた事業者に給付され（上限額100万円）、家賃支援給付金は、自分の事業のために使用している土地・建物の賃料を支払っていることなど条件を満たした場合

に給付が受けられるものでした（最大で月額50万円）。

こういった給付金も、前年度に確定申告をしていなければ、スムーズに申請できなかったのです。私が相談を受けた中には、確定申告書の控えがない方、書類が足りない方もいらっしゃいましたので、正しい知識をつけて、本業の助けにしていただければと思います。

どうやって税金を計算して申告するのかわからない……ですがほんの少し作業に時間をかけるだけで、とってもお得に節税することができるんです。そればかりか、集計した数字を経営者目線で捉えれば、行動や管理にも活かせます。さぁ、肩の力を抜いて。この本を読めば、難しい仕組みを理解しなないままでも確定申告ができるようになりますよ！

税理士　益田あゆみ

PART 1

フリーランス事始め
税金について知ろう

はじめまして
タバタヨウジ
24歳です
このたび
3年勤めた
デザイン会社を
やめて
イエーイ!!
フリーランスの
イラストレーター
として
独立することに
なりました！
ついに夢が
かなった！
しみじみー
フリーランスで
食っていくのは
甘くないよ
ビクッ
フリーって
税金高い
んでしょ？
だれ？
確定申告
自分で
やるんだよ
これ
めっちゃ
大変なんだよ
確定申告
えー!!
いきなり
大ピンチ？
大丈夫か
自分
やってける
のか？

大丈夫!!
あ
あなたは?
私は
マスダアユミ
税理士よ!
ひえー
税金の
取り立て
ですか!?
ちがうよ
すみません
ぼくはこれから
フリーランスに
なるのですが
税について
なにも知ら
ないんです
お金も
ないし…
そっか
フリーランス
初心者って
わけね
よーし
私にまかせて!
フリーランスに
必要な知識
全部教えて
あげます
本当ですか!
ありがとう
ございます!!
ありがたや

タバタくんは そもそも フリーランスって どういう人を指すか わかりますか？
うーん… 会社に 所属しないで 働く人のことかな
そうね！ 雇用契約を結ぶ バイトとも違うのよ
なるほど
自営業（雇用されていない）
・カフェ、食堂などの飲食店
・雑貨店などの小売店
・チェーン店でない整骨院、美容院
……などを経営する人
自由業（フリーランサー）
・店舗がない
・商品在庫がない
・従業員を雇っていない
ライター、イラストレーター
カメラマン、デザイナー
プログラマーなど
独立して自分の力で 事業を始めるということは 自営業者になる ということなの 自営業の中でも 「請負」による仕事が多く 「自由業」に 当たるのが フリーランスなのよ

フリーランスっていうとクリエーターのイメージが強いけど
お店を持たずに出張するスタイルの整体師やネイリストもここに入るわね
自分の才能や能力を使って人に雇われずに1人で働く自由業それがフリーランスね
おお！
いわゆる一国一城の主！
あっぱれ
ただしすべてのことを1人で何でもしなきゃならないいけどね
事務仕事
自分を売り込む営業
請求書
経理
えーこれ全部やるの？
たいへんだなあ

それでもフリーランスの魅力はなんといっても自由なことよ！
そうだった！
仕事を選べる
時間や場所にしばられない
自分のペースで仕事ができる
仕事を選べる自由ネ
しかもがんばったぶんだけ稼げる！
収入の保証はないけどね
会社員とフリーランスそれぞれにメリットとデメリットがあるのはしかたないわよ
ですよね
ところでお金のことで一番不安なのは税金のことなんです
何をどれくらい払わなきゃいけないの？
あ〜〜それそれだけは…
年貢
江戸時代かよ

っていうか
これまでだって
タバタくんも
税金を納めて
いたのよ
納税は
国民の
義務です
?
会社が
タバタくんの
お給料から
天引きして
支払ってくれて
いたんだもの
あ
そうなの?
自分が何を
天引きされてたか
わかってる?
給与明細を
よく見て
えーと…
住民税?
健康保険?
おもに
こんな感じね
① 所得税
② 住民税
③ 社会保険料
(年金や健康保険
など)
へー

そもそも支払う金額ってどうやって決められてるんですか？
所得税や住民税健康保険料は収入によって算出されます
年金はフリーランスで入る国民年金の場合収入にかかわらず金額はだれでも一律になります
ちょちょっと待って！
いっぱいありすぎて混乱してきた
それにそんなに支払うと思うと気が重い
会社員はお給料からあらかじめ引かれてるけど
フリーランスは手元のお金から支払うから「取られる」とか「損する」というイメージになりがちかもしれません
そうなんだよー

ちなみに税金の金額って自分で計算して払わなきゃいけないの？
いいえ
一部の税金は国や自治体が計算してくれて
毎年納付書（振込用紙）が送られてくるのよ
納付書
でも主な税金の「所得税」は自分で計算します
所得を申告することで税額が確定するから「確定申告」っていうんだね
確定申告書
最初はよくわからなくても慣れれば難しいものではないので安心してね
ではこれから開業準備や主な税金について説明していきますよ！
ハーイ！

STEP 01

フリーランスになる前に準備しておくこととは？

◁ 開業届

開業届は「これから個人事業主として、この仕事を始めます」という宣言ね。**住所の所在地の管轄の税務署に提出**します。**用紙は税務署にあるし、税務署のウェブサイトからダウンロードもできます。**

へえ～、届け出が必要なんて知りませんでした。

所得税法という法律で、**開業1か月以内に提出**することになっています。郵送でもOK。

出さなかった場合の罰則が定められていないので、タバタくんみたいなイラストレーターだったら、まあ出さなくてもペナルティはないんですけどね。中古品売買や飲食店など、別途許認可や届け出が必要な業種もあります。

そうなのか。じゃ、しなくてもいい？

いや、本格的にフリーランスのお仕事をするならしてくださいね！
ご自身の仕事の証明になりますし、屋号も記入できますよ。

屋号って、お店の名前みたいな？

そう。ペンネームでもいいしね。

自由に屋号をつけられるの、いいなぁ。「ウハウハ・カンパニー」とか？

あんまりふざけた名前をつけると後悔しますよ（笑）。
取引先から、振込先を聞かれた時にそれを伝えることになるんだからね！
それから、職業の欄、事業の概要は詳しく書いておくとよいですよ。事業税で非課税になるかもしれませんので！

↓POINT

開業届（正式名「個人事業の開業・廃業等届出書」）はA4サイズ1枚の用紙です。提出時にはマイナンバー、身分証明書（運転免許証、健康保険証、パスポートなど）といった本人確認書類が必要です。

◁ 名刺や挨拶状、ウェブサイトの準備

まだ退職していなくても、開業準備に使ったお金は確定申告する時の経費に計上できるものもあります。だから、名刺代はもちろん、仕事机やプリンターなど開業のために購入したものの領収書は取っておいてね。

領収書は意識して捨てないようにしていた方がいいですね。

でも、何でもかんでも集めるのではなくて、事業に関係があるものでお願いします！

↓POINT

名刺や挨拶状は早めに作っておきましょう。これまでお世話になった感謝を伝えつつ、これから独立して仕事をしていくことをアピールします。自分の作品を見てもらえるメディアをもつといいですね。メールアドレスは、フリーメールだとプライベー

トのメールに混ざってしまったり、相手先のセキュリティに引っかかることがあるので、ドメインを取ると信頼性が増します。屋号と一緒に考えるといいでしょう。

◁ 会社員だった人は、退職後14日以内に公的手続きを

会社員の人が加入している年金は「厚生年金」になるけど、退職してフリーランスになったら「国民年金」に加入することが義務づけられています。それから健康保険証は会社を辞める時に会社に返却してしまうので、あらためて「国民健康保険」に加入します。どちらも市区町村の役場で手続きするといいですよ。

1か所ですむほうがラクですね！

必要な書類は退職日までに会社からもらえるように依頼しておきましょう！

↓POINT

会社を退職してフリーランスになる人は、**「国民年金」「国民健康保険」の加入、「住民税」を個人で支払うための切り替え手続きが必要です（任意継続については154ページ）。** 退職の翌日から14日以内に市区町村の役場で手続きしましょう。

退職後の手続きで自分で行うもの

□厚生年金から国民年金への切り替え
□社会保険から国民健康保険への切り替え（会社の保険証を返却）
□自分の収入によっては、家族の扶養（所得税・健康保険）に入れてもらう事を検討する

退職後の手続きで会社に用意してもらうもの

□健康保険資格喪失証明書
□年金手帳（預けていた場合）
□退職証明書（退職年月日がわかる書類）
□給与所得の源泉徴収票（退職日までのものなので、後日会社から郵送）
□離職票

◁「まだ会社員」のうちにやっておきたいあれこれ

タバタくんはクレジットカードは持ってる？

1枚持ってます。

よかった！

フリーランスの収入は安定していないから、残念ながら社会的に信頼度が低くて、クレジットカードの審査が通りにくいことがあるのよ。

クレジットカードはもう1枚作っておいてもいいかも。2枚あると「プライベート用」と「事業用」に分けて使えます。あとで経費を計算する時にラクになりますよ。

銀行口座も2つ作って、クレジットカードの引き落とし先をそれぞれ分けられるとベスト。交通系のICカードも同様です。

フリーランスと会社員の違い

分類	フリーランス	会社員
所得税	報酬の入金時に源泉徴収で10.21％が引かれ前払い＊	月額単位で給料から天引き
還付	自分で還付されるべき金額を申告する（確定申告）	年末調整（会社が代行）
住民税	確定申告後、5月ごろに届く納付書で支払う（6、8、10、1月の4期で分割）	6月～翌年5月までの税額を12か月で割った額を給料から毎月天引き
健康保険料	国民健康保険：確定申告後、5月ごろに届く納付書で支払う（自治体により8回～10回の納付）	健康保険：月額給与をもとに、毎月天引き。保険料は会社が半分負担してくれる
年金	国民年金：4月ごろに届く納付書で支払う（月払、年払など）	厚生年金：月額給与をもとに、毎月天引き。保険料は会社が半分負担してくれる

＊職種によって変わります。

なるほど。じゃ、作っておこうかな。

それから、フリーランスは部屋を借りる時に大家さんから敬遠されることがあるのよ。
引っ越しの予定は？

考えてなかったです。でも、ワンルームで自宅兼オフィスなので……。
いずれはもうちょっと広いところに住みたいですね。

そうね。軌道に乗るまでは無理のない家賃のところでがんばるのがいいと思うわ。
フリーランスだって実績さえ積めば住宅ローンだって組めるわよ！

よし！　頑張ります！

↓POINT

クレジットカードの取得、引っ越しは「会社員」の肩書きがあるうちにやっておいたほうがスムーズかもしれません。ですが、昨今は会社員であっても一生安定が約束されているわけではありません。今は働き方が多様化しているので、クレジットカード取得にしても賃貸契約にしてもフリーランスというだけで審査が厳しくなる傾向は減ってきているかもしれませんね。

そういえば、ぼく、失業保険ってもらえるんですかね？

失業保険というのは、会社を辞めて「再就職先を探している」人を対象としたものなの。だから、フリーランスとして働くつもりで会社を辞めた人には適用されないんですよ。

↓POINT

失業給付金（失業保険）とは、**退職の日以前2年間に、被保険者期間が通算して12か月以上あり、「再就職するための努力をしており、その能力があるにもかかわらず失業状態である（アルバイトもしていない）」こと**が受給の条件。個人事業主として開業準備をしている人は、これに該当しません。

STEP 02

必ず納めないといけない所得税と住民税

◁ 所得税

まず、重要なのは所得税です。

所得は「収入」のことでしたっけ？

所得とは、**売上（収入）から経費を差し引いた利益**のことです。だけど、所得税はこの利益に対して課税されるわけではないんですよ。

え、じゃあ何に課税されるんですか？

まず、総収入金額から必要経費と所得控除を引いて、**課税される所得**を計算するのよ。その課税される所得（課税所得）に税率を掛けて支払う所得税を計算します。

↓POINT

1月〜12月まで報酬の総収入金額 − 必要経費 ＝ **年の利益（所得）**

各所得の合計 − 各種所得控除 ＝ **課税所得（所得税の計算対象）**

課税所得 × 所得税率 − 前払いした税金 ＝ **所得税の納付・還付**

まず仕事をするには材料や道具がいるでしょう？　それに加えて交通費や家賃などその商売をするためにかかったお金は**必要経費**として認められます。

ぼくの場合、パソコンだけじゃなくてアナログでも絵を描くから、画材や紙も必要経費になるってことか。

そのとおり！　たとえば年収が400万円で、必要経費が100万円かかった場合は、年収400万円から必要経費100万円を引いて利益は300万円になります。その金額から、その人に応じた基礎控除、配偶者控除といった、所得控除を引いた金額が課税される所得、つまり**課税所得**になります。

そんなに引いたら、だいぶ少なくなりそうだけど……それがぼくの年収？

年収を聞かれたら「総収入金額」を言っていいですよ。

下の所得税の速算表を見てください。

おお～、稼ぎが多い人ほどたくさん税金を払うわけか。課税所得が4千万円以上だと45%も税金で持ってかれちゃうの？　やだなぁ！

まぁ……すぐにそんなに稼げないと思うけど（笑）。

っていうか、195万円以下だと税率5%なのに、195万円以上だと税率10%で、急に倍になってる！

そう見えるけど、控除金額があるので、実際には大きな差は出ないように設定されているのよ。

所得税の速算表

課税所得金額	税率	控除額
195万円以下	5%	0円
195万円を超え　330万円以下	10%	97,500円
330万円を超え　695万円以下	20%	427,500円
695万円を超え　900万円以下	23%	636,000円
900万円を超え　1,800万円以下	33%	1,536,000円
1,800万円を超え 4,000万円以下	40%	2,796,000円
4,000万円超	45%	4,796,000円

＊2037年までの各年の確定申告においては、所得税と復興特別所得税（2.1%）を併せて申告・納付することになります。

◎**課税所得が190万円の場合、控除額は0円**
190万円×5％－0円＝9万5千円
◎**課税所得が200万円の場合、控除額が9万7千500円**
200万円×10％－9万7千500円＝10万2千500円

ね、所得税の速算表の「税率」の数字を見ると一瞬びっくりすると思うけど、実際はこうなるのよ。本当の税率表は計算しにくいので、速算表を使うと便利です。

「控除」ってありがたいんだなぁ。
「あなたの状態に応じて情状酌量します」みたいな感じ？

あはは、そんな感じかな。
ちなみに所得税は、イラストレーターの原稿料とか報酬を振り込まれる時にあらかじめ天引きされていることが多いのよね。いわば「前払い」をしているの。

あれっ？　じゃあ、なんで「課税所得」を計算する必要があるの？

原稿料を振り込まれた時に天引きされてる前払いの税金を、自分で計算した税金から精算する必要があるの。前払いした所得税が多すぎた分は**還付金**として返金されるんです。だから確定申告はしっかりやるべきなのよ！

↓POINT

課税所得から「所得税の速算表」を使って税率をかけ、表の控除額を引いた金額があなたの支払う所得税です。必要経費を正しく記録すること、控除できる内容を把握することで節税できます。経費についてはPART2で、所得控除についてはPART3でくわしく解説します。

◁ 住民税

住民税はどうやって払うの？

確定申告をすると、その情報が市区町村の自治体に送られるの。その内容をもとに決

定した税額が5月頃から通知されてきます。専用の納付書もついてきますよ。

確定申告をした2か月後に納付書が送られてくるんだ。
……ってことは、支払うころ貯金がないとヤバい!?

いいところに気がついたね。
住民税と、それから国民健康保険もなんだけど、前年の課税所得から割り出されます。つまり、前の年に収入が多かったからって調子に乗ってどんどんお金を使ってると……税金が払えなくなって大変なことになるわよ!

うわ、気をつけなきゃ。
儲かったらその分だけ使っちゃいそうだ。

特に会社員からフリーランスになった1年目は要注意です。
安定した収入があった会社員時代の所得から税額が算出されるからね。
フリーランスになって仮に収入が落ちても、会社員時代の税金を払わなくてはなりません。

ど、どうしよう……。

といっても、一括で納めなくてもいいから安心して。住民税は6月、8月、10月、1月の4期に分けて納めることになっていますから。ちなみに国民健康保険は市区町村によって違うけど、8回~10回の分割で納付します。それから、住民税は退職時に会社にお願いすれば、その年度の残りの分を最後の給与か退職金から一括徴収して支払ってもらうこともできますよ。お金は一気になくなるけど、その年度内は住民税の支払いのことを考えなくてすむわね。

そっか。ちょっと安心しました!

月々支払っていく時は、口座引き落としの手続きをしておけば、納付忘れを防げますよ。

↓POINT

住民税は、自分が住んでいる都道府県と市区町村に納める税金です。課税所得に対して、原則一律10%。この中から4%が都道府県に、6%が市区町村に振り分けられます。

◁ 事業税

事業税は、事業を営む人が納める税金です。これも所得に対してかかる税金ですが、**事業税がかかる業種**と**免除される業種**があります。

え、あの……ぼくの場合はどうなんでしょう？

イラストレーターには事業税はかかりません！　０％！

やったー!!

主な業種を次の表にまとめたので参考にしてみてね。

事業税がかからない業種　税率0％

文筆業　通訳業・翻訳業　漫画家　イラストレーター　フォトグラファー

画家　音楽家　作詞家　作曲家　スポーツ選手　芸能人　農業（農作物を個人で栽培する場合のみ）　林業　など

事業税がかかる業種

［第1種事業］税率5％

販売業　製造業　運送業　飲食店業　旅館業　広告業　印刷業　出版業

写真業　など

［第2種事業］税率4％

畜産業　水産業　薪炭製造業

［第3種事業］税率5％もしくは3％

美容業・理容業　デザイン業　医業・薬剤師業などの医療関係　弁護士業・

税理士業　コンサルタント業（以上5％）

あんま・マッサージ業（以上3％）　など

デザイナーの場合は5％の税率になるのか。ぼくは、イラストレーターでよかった……。

イラストレーターでも本や雑誌への挿絵が中心なら非課税ですが、それ以外でデザイナーと重なる部分があると思います。取引先への請求や帳簿・集計には注意するとよいですよ。税事務所から問い合わせが多いところかも！　自分がどの業種に属するのかわからない場合は、税事務所で相談してくださいね。ちなみに**どの業種でも所得が290万円以下の場合は、事業税はかかりません。**

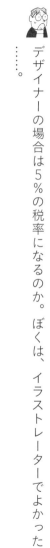

税金はなぜ必要なんですか？

世の中には、じつにたくさんの税金があります。「なんでこんなにたくさん納めなきゃいけないんだ」と思ってしまうかもしれませんが、税金は私たちの社会に役立っています。

たとえば道路が舗装されているのも、安全に通行するためのガードレールや信号機、標識なども……日々「あって当たり前」と思っているものは税金でまかなわれているのです。さまざまな形で集められた税金は、公立学校や公共施設(図書館や役所、公園など)の運営、交通機関、警察・消防・救急などに関わる機関、また一部の医療機関などを支えています。

そのほか生活に身近なところでは、たばこ税、酒税、ガソリン税などがありますが、これらは商品の購入と同時に税金を払っていることになります。また、温泉の料金には「入湯税」という税金が含まれます。自動車にかかる税金には自動車税（毎年）、自動車重量税（車検時、新規登録時に納付）などがあります。

さらに、所持する資産にかかる「固定資産税」という税金もあります。土地や家屋（マンションも含む）、また製造機械などの大型設備、漁船やボートなどの船舶、飛行機、そのほか高額な楽器など「資産」と目されるものも対象となることがあります。これは所持する限り毎年納付しなければなりません。

そして、みなさんにもっとも身近なのは、買い物をしたりサービスを利用するたびに払っている消費税でしょう。お店は消費者から消費税を搾取しているのではなく、10％の消費税を「消費者に代わって」集金して、国に納めているのです。

「フリーランスも商売をしている以上、消費税を納めなければいけないのでは？」と気づいた方がいるかもしれませんね。もし、報酬に「消費税」が上乗せされて支払われていても、フリーランスが消費税を納める義務が生じるのは「売上1千万円以上」になってからです。また、納税するのは「売上1千万円以上」の年の2年後となります。

CHECK!

PART1 まとめ

会社を辞める前から準備を始める！

フリーランスは事務手続きや営業、総務、経理など、1人でやることがたくさんあります。開業届の提出をはじめ、仕事場などの環境の準備は大切です。開業準備に使った経費の領収書を保管しておくことも忘れずに。

フリーランスは自分で申告・納税する！

会社員の場合は、会社が給料から税金を天引きする形で納税してくれていたけれど、フリーランスは税金を自分で申告と納税する義務があります。

支払う税金を把握しよう！

フリーランスは月ごとの収入が不安定だから、払っている税金や納付のスケジュールを把握しておくことが大切。年間を通して金銭管理すれば、節税の道も開けます。

PART 2

落とせる「経費」徹底解説！

次は節税の第一歩
経費について詳しく説明しますね
先生あの…
ぼくの高校時代の先輩もぜひお話を聞かせてほしいと言ってるんですが
はじめましてオカダマナです
私昨年からフリーランスのライターになって
初めて確定申告するところなんですがさっぱりわからなくてっ!!
日本語なのにわからん
あらあら相談にのりますよ
ありがとうございます
なんにもわかってませんがとりあえず領収書だけはめっちゃためてあります
なるほど…

確定申告で節税するポイントは「経費」と「控除」よ
「経費」は仕事をする上でかかったお金「控除」は様々な状況から考慮して税金をかける収入から差し引ける金額ね
経費
控除
確定申告では
まず売上の総額を集計します
その総売上から「経費」と「控除」を引いて課税所得を計算します
へーそうなんだ
所得
売上 − 経費 − 所得控除 ＝ 課税所得
この課税所得から支払うべき所得税のほか
健康保険や住民税の金額が決まるのよ

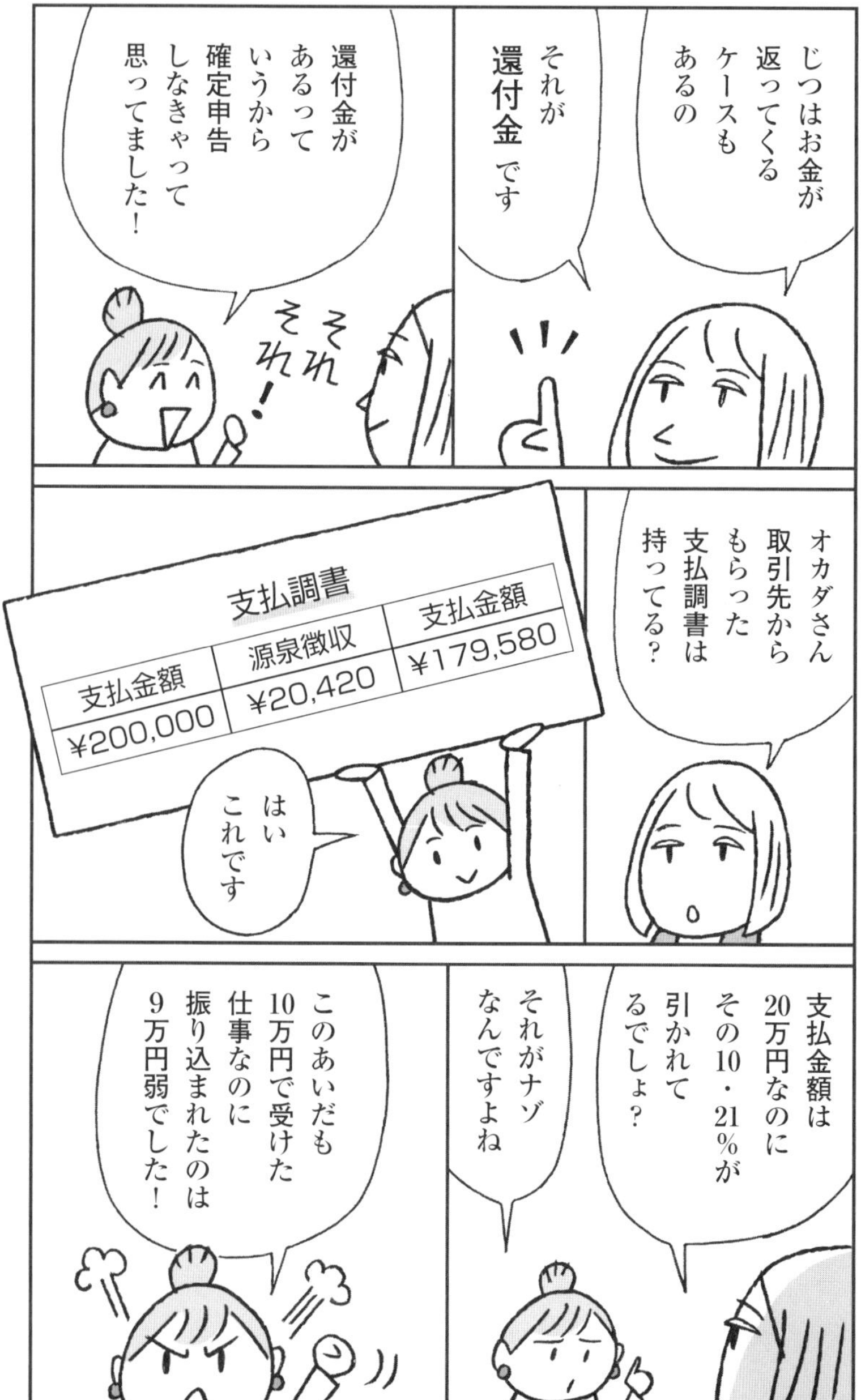
じつはお金が返ってくるケースもあるの
それが還付金です
還付金があるっていうから確定申告しなきゃって思ってました！
それそれ！
オカダさん取引先からもらった支払調書は持ってる？
支払調書
支払金額 ¥200,000
源泉徴収 ¥20,420
支払金額 ¥179,580
はいこれです
支払金額は20万円なのにその10・21％が引かれてるでしょ？
それがナゾなんですよね
このあいだも10万円で受けた仕事なのに振り込まれたのは9万円弱でした！

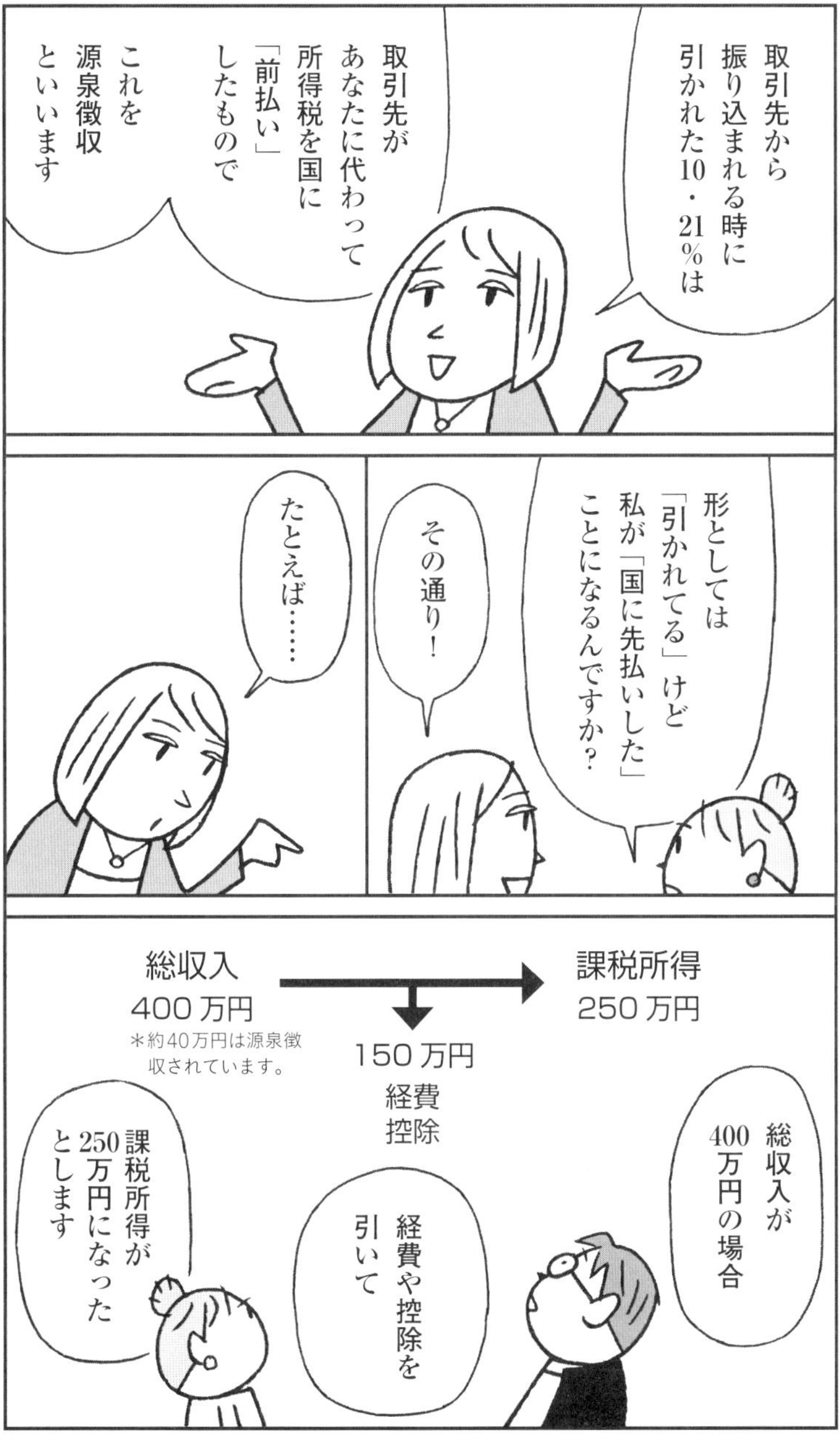
取引先から振り込まれる時に引かれた10・21％は
取引先があなたに代わって所得税を国に「前払い」したもので
これを源泉徴収といいます
形としては「引かれてる」けど私が「国に先払いした」ことになるんですか？
その通り！
たとえば……
総収入
400万円
＊約40万円は源泉徴収されています。
課税所得
250万円
150万円
経費
控除
総収入が400万円の場合
経費や控除を引いて
課税所得が250万円になったとします

*復興特別所得税（2.1%）が加算されます。

それには
①認められる
経費をもらさず
申告すること
②自分が
あてはまる
控除をちゃんと
把握して
申告すること
これ大事
メモしとこ
還付金が
いっぱい
戻ってきたら
旅行とか
じゃんじゃん
行けちゃう
かもー?!
ハワイ〜
それは
キケンですね
住民税や
保険料など
支払う税金は
まだまだ
ありますから
No!
還付金を
あてにして
ムダ使い
してると
あとで泣きます
気をつけます
ではこれから
節税のポイント
になる
経費について
くわしく解説
していきますよ
ハーイ！

STEP 01

領収書やレシートをもらうことを習慣に！

基本的には領収書、レシートどちらでもOK

見てください、領収書はこの箱にバッチリためてありますよ！　ただ、駅の売店で雑誌を買った時のは領収書じゃなくてレシートなんですが。

全く問題ないですよ。ただし、3万円を超えるような高額な買い物を現金でした時は、お金を払ったことを証明できるので、領収書をもらう方がいいですね。でも、レシートには「その時何を買ったか」が記録されるメリットがありますよ。

このコンビニのレシートなんですが、1枚のレシートに雑誌とトイレットペーパーがいっしょになっちゃってるんですけど大丈夫ですか。

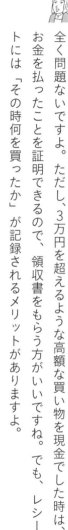

雑誌の金額だけを色ペンで囲んでおけば０Ｋよ。でも、できれば買い物の時、プライベートの物とはなるべく分けて会計したほうがいいわね。そのほうが整理もラクだし。

そういえば領収書の宛名ってどうすればいいんですか？　会社員だと、会社の名前を書いてもらうけど。

本名なら名字だけ、ペンネームならフルネームで書いてもらうルールだけど「上」でもいいですよ。店員さんにいちいちお願いするのもめんどうだしね。

領　収　証

様　　年　月　日

,　,

但

上記正に領収いたしました

内訳

消費税額等(　%)

（文房具店などで買える「領収書」書式例）

◁ 領収書をもらえない場合は「出金伝票」を作成

「ライターのインタビュー術」っていうセミナーに参加した時に、領収書をもらえなかったんですが、こういう場合はどうすればいいんでしょう？

その時は**出金伝票**に記入します。これは文具店や100円ショップで買えます。日付、支払い先、金額、内容を書きこんでね。これは、「セルフ領収書」みたいなものだから、もし税務署にチェックされた時にも信用してもらえるよう、帳簿に記録を残してね。デタラメに出金伝票を作っちゃダメですよ。

出金伝票 No.______

年　月　日

承認印			係印

コード		支払先	様

勘定科目	摘要	金額
合計		

（文房具店などで買える「出金伝票」書式例）

はいっ！

仕事がらみの飲み会に参加して、1人分の領収書が出ないような場合にも出金伝票が使えます。このほか、仕事でお世話になった方への祝儀とか香典にも出金伝票は使えます。

↓POINT

近年は電子書籍を購入する場合も多いです。この場合、電子書籍ストアで「注文履歴」「注文状況」などの確認画面にログインすれば領収書を発行できます。画像データ、支払いが確認できるメール履歴（日付、相手先、金額、内容が記載されたもの）でもOKです。原則、紙で保管する必要があるので、データは印刷しておきましょう。

◁ 領収書、レシートの管理のしかた

オカダさんの領収書、箱に入れっぱなしのようだけど、これは日々、整理しておいたほうがいいわね。

とりあえず保管しておくことしか頭になくって。これ、どこから手をつければいいですか？

まず、確認をしたいのですが、**確定申告には「白色申告」と「青色申告」の2種類があること**は知ってる？

「白色」は簡単で、「青色」は難しいイメージです。

税制改正で「青色」も「白色」も記帳と帳簿の保存が必要になって、どちらも集計に差がなくなりました。各種特典がある分、かしこく節税できるのは**青色申告**なんだけど、**青色申告には前**[*1]**もって申請が必要**なの。だから、オカダさんは今回は「白」で申告することになりますね。

は〜い！

＊1　青色申告をするには、「開業届」と「青色申告承認申請書」の提出が必要です。

「白色」でも「青色」でも、最初にやることは同じ。まず、この領収書を勘定科目[*2]ごとに分類しましょう。「旅費交通費」とか「事務用品費」って書いた封筒に投げこんでいくだけで大丈夫。じゃばら式のファイルでもいいですね。

この「高岡商店」っていう領収書は何ですか？　「お品代」としか書いてないけど。

住所が千代田区になってるけど何のお店だろう。
あ、取材先でICレコーダー用の電池を買ったんだ、たしか。

ほらね。あとからわからなくなっちゃうから領収書の裏にメモをしたり、日々分類しておくといいですよ。事業に関係のない領収書は除外させてね！

これ、日付順に並べたりしなくていいんですか？

まずは、**項目（勘定科目）ごとに分ける**ところから。帳簿というと難しいけど、**確定申告書の収支内訳書には、勘定科目ごとに合計額を記入**します。例えば15万円と記入したその金額の内訳書を作るイメージよ！　あとで税務署から問い合わせがあった時に、差し出せるようにしておきます。エクセルで集計できるなら、日付順にしなくても大丈夫よ。

＊2 勘定科目とは、取引の内容を分類するために使われる、簿記の科目のこと。

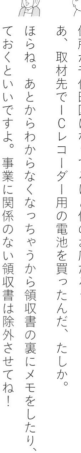

↓POINT

レシートは購入したものの明細と一つひとつの金額が記録されるので、集計に役立ちます。

領収書やレシート類は提出の必要はありませんが、「経費の証拠」として確定申告後も保存しておく義務があります。後々、万が一、税務署から「内容を確認したいので伝票を見せてください」と言われた場合に「証拠品」として提供する必要があるのです。

帳簿や領収書などの書類の保管期間は**7年間**ですので、覚えておきましょう。

STEP 02

どのくらいの金額を経費にできるの？

◁ 経費とは「仕事をする上で必要な、事業に関連のある費用」

ところで、どのくらいの金額を経費にできるんですか？ たとえば、売上が400万円で、経費が300万円とかって認められます？

ライターで7割以上は多いかな……。**「経費は売上の何%まで」という決まりはないけど、一般的に言われている目安はあります。** 業種によっても違うから、一概には言えないのよね。あまりに確定申告の経費が多額だと生活費を経費に含めてるんじゃないかって不審に思われますよ。

ヒィ……じゃあ、多すぎないようにすれば大丈夫？

経費は「仕事をする上で必要な、事業に関連のある費用」ということなので、自分で自信をもって経費だと思うものを申告すれば大丈夫。

万が一、税務署で指摘されたとしても、必要だった理由を胸を張って言えれば、いくらだっていいんです。

う〜ん。難しそうですね。

フリーランスの人がよく使う勘定科目を挙げてみますね。**「勘定科目」はお金の使いみちを分類した項目のこと。**ちょいちょい難しい言葉が出てくるけど、よく使う用語だから少しずつ慣れていきましょう！

くわしい内容については、またあとで解説します。

勘定科目は、この内容で分けなくても、自分で「資料費」など新しい科目を立ててもいいです。**ポイントは、決めた分類のしかたを毎年続けることです。**

さて、次は勘定科目を一つずつ解説していきますよ。

主な勘定科目の例

勘定科目	内容
地代家賃	家賃、契約更新料、月極駐車場代など
水道光熱費	電気代、ガス代、水道代
通信費	電話代、インターネット利用料、切手・ハガキ代、郵送料など
旅費交通費	電車・バス・タクシー代、宿泊料など
消耗品費	コピー代、10万円未満のパソコン用品、オフィス用品など
事務用品費	文具などの事務用品、画材、カメラ用品など
修繕費	パソコンやカメラの修理代など
新聞図書費	書籍、雑誌、電子書籍、新聞など
研修費	セミナーの参加費用など
取材費	取材にかかった交通費、宿泊料、飲食代、打ち合わせ喫茶代など
接待交際費	営業を目的とした接待の飲食代、お歳暮、お中元、贈答品、謝礼など
広告宣伝費	見本誌、名刺、ＤＭ、広告掲載料、ウェブサイトの制作費など
減価償却費	パソコンや車などの高額で長期にわたって使えるもの（数年に分けて計上する）
雑費*	どの勘定科目に入れるか迷うもの

＊雑費は多すぎると税務署から問い合わせがくることもあるので、あまり使わない方がいいです。

STEP 03

地代家賃、水道光熱費、通信費

◁ 地代家賃

仕事専用のオフィスを持っている人なら、仕事場の家賃、水道光熱費をそのまま経費にできます。自宅で仕事をしているフリーランスの場合、**「どのくらいの割合を仕事に使ったといえるか」を明らかに区分できるケースでは、按分《あんぶん》することによって経費計上**します。「按分」とは、「割合に応じて分ける」という意味ですよ！

さて、まずは「地代家賃」。家賃のことですね。

住まいとは別にオフィスを借りている場合は、オフィスの家賃がまるごと経費になります。

私は自宅で仕事してます。

自宅兼仕事場の場合、仕事で使っている部分を「経費」として計上しましょう。ワンルームなら3分の1くらいじゃないかしら？

半分ってわけにはいかないんですか？

フリーランスは業務時間と生活時間の切り分けがあいまいだからね。会社員は仕事中にお風呂に入ったり料理したりしませんよね。家で仕事をしていても、日常生活に使うもののお金は経費にはできません。これは「必要経費」を考える上で基礎になる考え方だからよく覚えておいてね。

うちはワンルームで家賃6万円なんですけど。

それなら、6万円×12か月分＝72万円の30％、21万6千円を「地代家賃」の経費にできます。契約更新料を払った年は、その金額も同じように扱えますよ。

月極駐車場代も地代家賃になるんですね。自転車の駐輪場代も入れていいんですか？

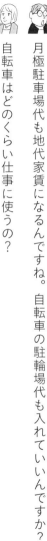

自転車はどのくらい仕事に使うの？

調べ物に図書館に行く時くらいかなぁ。たぶん全体の使用頻度の1割もいかないでしょうね。

それは厳しいかな。たとえば最寄りの駅までがすごく遠くて自転車を使わざるを得ない場合は主張してもいいかなー。
車で機材を頻繁に運ぶカメラマンだったら、駐輪場・駐車場代も按分できますよ。

↓POINT

引っ越し代についても同じように考えます。ただし、引っ越しの契約時の「敷金」は経費に含みません。敷金は解約時に返納されるためです。解約時に修繕費用などが請求され全額が戻らなかった場合は、その請求額を按分して経費とします。

水道光熱費

水道光熱費とは電気代、ガス代、水道代のことです。**この中で按分できるのは電気代**ね。照明やパソコン、エアコンは仕事に必要だし。

これはどうやって割合を出したらいいんでしょう?

家賃の按分と同程度なら問題ありません。時間で計算する方法もありますが。

えーと、休日の分はどうしましょう？

休日の分を考慮したりすると、自宅兼仕事場の家賃や光熱費って意外と経費にできる金額少ないのよね〜。

水道代やガス代は経費にならないんですね？

仕事をしていなくても日常的に使うものですからね。
そうね……。たとえば料理研究家とか染色作家みたいに水道、ガスが業務に必須の場合は別ですよ。

◁ 通信費

携帯電話やインターネット利用料は、今やどんな職種でも仕事に欠かせません。ここは、けっこう高めの按分率でもいいと思いますよ。

全額でもOK？

ホントに仕事にしか使ってないならね（笑）。

冷静に考えたらそうでもなかった。お笑いの動画を見すぎた月は、追加で通信料払ったりしてるし。

でも、動画の視聴などにかかったお金も、仕事に必要だったら経費にしていいんですよ。

私、俳優さんにインタビューする時の準備で、出演したドラマや映画を観るのにけっこうお金使ってますよ。

それは経費でOK。ケーブルテレビや衛星放送の映像コンテンツの料金もOKよ。

インターネットにしても、電話にしても、「仕事とプライベート」の割合を「7：3」とか「6：4」みたいに按分すればいいんですね。

そうです。電話の場合は通話記録を取りよせられるから、按分の参考にしましょう。それから、切手やハガキ代も「通信費」に入ります。

ぼく、イラスト入りの挨拶状をハガキで出そうと思ってるんですけど。これは広告宣伝費？ それとも通信費？

これは、どちらでもいいですよ。どっちが正しいか悩むことはいろいろあると思うけど、自分のしっくりくる方で分けていいんです。

↓POINT

宅配便の料金も「通信費」でＯＫです。通信費の中でそれが目立って多ければ「荷造り運賃」として独立した勘定科目にします。作品を販売、発送しているフリーランスの方などは独立させたほうがよいでしょう。

勘定科目の分け方は自由です。全体を見た時に内容が把握しやすいようにしておくと、自分のためにもなります。独立させた項目が「その業種の特徴」によるものだと理解しやすければ、「どうしてこの科目だけが多いんだろう？」という疑問を抱かせるリスクも減らせます。

STEP 04

旅費交通費【電車・バス・タクシー代、宿泊費など】

交通費

電車代、バス代の領収書はバッチリありますよ。ほら、この通り。

残念ながら**交通系ICカードをチャージした領収書は、経費の証明にはなりません。**

えっ、なんでですか？

チャージした段階では、お金をカードに移動させただけでしょ？　改札機を通ってお金を払ってはじめて「使った」ことになるの。経費として使った裏づけとしては「○○駅から○○駅まで乗車」という記録が必要になります。帳簿を作成する場合は「A社打ち合わせ」「B社取材」など、「移動の目的」

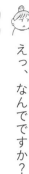

を書く必要もあります。

うわ〜、どうしよう！　そんなの調べられない！

オカダ先輩、落ち着いて！　たしかICカードって、乗車履歴が印字できたはず！

そのとおり。マメに乗車履歴を印字しておくとメモがわりになって便利です。ただし、例えばＳｕｉｃａ*の場合は直近の100件まで。それから26週間を超えたデータは残りません。これはモバイルＳｕｉｃａもいっしょですよ。

あ〜そうだ。私、外出の記録は手帳にきっちり書いてあるんですよ。これを見て、インターネットの「乗り換え案内」で乗車金額を調べれば仕事の移動に使った交通費が割り出せます！

よかった（笑）。ちょっと大変だけどがんばって！

これからはＳｕｉｃａの乗車記録を印字することにします。

できれば仕事用とプライベート用、２枚持つといいですよ。

＊交通系ICカードによって確認できる履歴の件数は違いますので、お使いのものを確認してください。

最近、交通系カードは電車やバスだけじゃなく、買い物に使うことも多いでしょ？

自販機で飲み物を買う時とか、コンビニで使うことも多いです。

だからチャージ時の領収書を「交通費」として計上しちゃうと、正しい処理とはいえないのよ。ちなみにモバイルＳｕｉｃａなどは、履歴をパソコンで読みとってそのまま会計ソフトに取りこむこともできるから、使いこなすほどいろいろラクになりますよ！

◁宿泊費

出張とか仕事で宿泊する場合は「宿泊費」になるんだけど、オカダさんが取材で宿泊する場合は「取材費」（69ページ参照）になるかな。

たとえば旅行エッセイを書いて出版社に売りこむつもりで泊まったらどうなりますか？

プライベートと線引きできれば「取材費」にしていいわよ。

STEP 05

消耗品費、事務用品費、修繕費

◁文房具から「10万円未満」のパソコン、電気機器まで

消耗品は、言葉の通り「使うとなくなる、やがては消耗して使えなくなるもの」のことです。また、**「購入価格が10万円未満の品」に限られます。**高額なパソコンや車、楽器、機材などは「固定資産」に当たり、減価償却の対象となるからです。

げ……減価償却？

あとで解説するわね！
ここで扱うものは「消耗品費」と「事務用品費」の2つに分けてもいいし、まとめて「消耗品費」としてもかまいません。

表にまとめたのでこれを見て。あまり細かく分けすぎて、区分が面倒になってしまうのなら、最初から消耗品費だけでOKですよ。
ミュージシャンならギターの弦や音楽ソフトなどが該当します。手芸作家や料理研究家なら道具は「消耗品費」に。素材や材料は「制作費」という勘定科目を立てましょう。

消耗品費

[消耗品]コピー代　写真現像・プリント代　電池・電球　CD－Rなどの記憶媒体　フィルム
[電気機器]電話機　スマートフォン　ICレコーダー　テレビ　DVDプレーヤー　オーディオ機器　扇風機　掃除機　電気スタンド
[パソコン周辺機器]パソコン　マウス　タブレット　プリンター　スキャナー　モニター　パソコンソフト　デジタルカメラ　メモリ類　ルーター　接続機器、ケーブル　パソコン用バッグ
[オフィス用品]仕事用デスク　椅子　本棚　収納棚　カーテン・ブラインド
[カメラ周辺機器]カメラ　レンズ　フィルター　カメラバッグ　三脚　レフ板

事務用品費

［文房具］ノート　筆記具　のり　テープ　ふせん　ラベルシール　クリップ
びんせん・封筒　ファイル　領収書や出金伝票　じょうぎ　はさみ・カッター
ペン立て・ブックエンドなどデスク周りの小物類　ホワイトボード　電卓
時計　スケッチブック・紙類　色鉛筆や絵の具など

◁ 修繕費

パソコンをはじめ、電気スタンドやカメラなど仕事に使う道具、また仕事部屋のエアコンなどの**「修理にかかった費用」を計上する勘定科目**です。1件の修繕にかかる金額が20万円未満や、おおむね3年以内に繰り返される程度の修繕に使われます。

なるほど！　いずれ修理をすることもあるだろうから、その時に使う科目なんですね。

そう！　これも必要な経費だからね。車に関する経費（車検費用、タイヤや部品の交換など）は「車両費」としてまとめて処理するケースもありますよ。

STEP 06

減価償却費

◁「10万円以上の物品＝固定資産」は耐用年数《たいようねんすう》に分割して経費にする

さきほど、パソコンなど10万円以上のものは「固定資産」になると言いましたよね。**購入した金額がその年に全額経費になるのではなく、「減価償却」という方法で数年にかけて経費にしていきます。**

うわっ、なんだか難しそうな言葉が出てきた〜！

まあ落ち着いて（笑）。たとえば20万円のパソコンだったら数年は使えますよね。

「高価で長く使えるものは、使える期間を想定して、その年数で分割して経費に計上する」というのが「減価償却」です。

でも、実際に何年使えるかなんてわからないですよ。

ですので、**一般的な目安として「耐用年数」が法律で決まっています。**パソコンなら4年。だから20万円のパソコンを買ったら4年間、4回分割で5万円ずつ「減価償却費」として経費に計上していくわけ。本当はもう少し難しい計算しますけどね。

10万円以上のオフィス家具とかはどうなるんですか？

椅子やデスクなども素材別に法律で耐用年数が決まってます。国税庁の「タックスアンサー」で調べられますよ。わからなかったら税務署に問い合わせてみて。リサイクルショップで買った中古品の場合は、中古品用の耐用年数を使います。

↓POINT

10万円以上の備品、車などを購入した時は、減価償却をすべきか検討しましょう。「青色申告」の場合のみ、例外的に30万円未満の物品を一度に全額計上することができます。が、青色申告決算書の「減価償却費の計算」欄に必要事項の記入が必要です。

STEP 07

新聞図書費、取材費、研修費

新聞図書費

書籍、雑誌、新聞……紙の本でも電子書籍でも、この新聞図書費に入ります。ウェブマガジンや有料のｎｏｔｅなどの読み物もです。ただし、**純粋な自分の娯楽のためのものとは分けて、仕事のために役立つものだけを経費にカウント**します。

イラストの技術書とかは？

そういうのは立派な必要経費になるね。

イラストレーターの画集なんかはどうですかね？

うーん、そこから技術を学ぶつもりがあるならセーフかな。

今度、マンガ家さんのインタビューをすることになってて。そのマンガ家さんの過去の作品を読んでおく必要があるんですけど、マンガ代も経費にできますよね？

もちろん。そういう「仕事で扱うテーマの下調べ」や「参考文献」になり得るものはＯＫです。

↓POINT

書店でもらうレシートには書名が印刷されていることが多いので便利です。ただし、依頼主に「資料代」を請求できる場合は、依頼主の名前で領収書が必要になります。あらかじめ依頼主に確認しておきましょう。

有料のメールマガジンなどは「通信費」に含めてもＯＫです。

◁ 取材費

取材にかかった交通費、宿泊費、飲食代、打ち合わせ喫茶代などが取材費に該当します。これも依頼主に必要経費を請求できる場合と、あらかじめ原稿料に含まれる場合があるので、事前に確認しましょうね。

取材に行った時のお昼ご飯や、打ち合わせの喫茶代は編集者さんが払ってくれるので、この勘定科目はあまり使わないかも？

でも、カフェで1人で仕事をしたりすることあるでしょ？　その場合は「取材費（場所代）」として計上できますよ。ネットカフェやコワーキングスペースの使用料も。

ぼく、イラストルポの仕事に憧れてるんです。食べ歩きルポとかやってみたい！　でも、おいしいお店を日頃から調べてないとできないですよね。ルポの仕事が発生しないと経費にはできないんですか？

そうですね……。「それはふだんの食事でしょ？」と言われてしまう可能性もあるから……本気で仕事にしようとしている証拠を残せるといいかな。

たとえば自分のサイトで「ラーメン日記」のイラストルポを発信していくとか。

いいですね。出版社にプレゼンテーションするとか、営業の材料にするなら取材費にしていいと思いますよ。自分なりに「レポート」を形にして残すことが大事。

↓POINT

映画館、コンサートや演劇のチケット代、ＤＶＤやＣＤなどのソフト代も仕事に関わる場合は経費にできます。その映画について記事を書く仕事がなくとも、「映画ライターとしての見識を養うため」に必要だからです。回数が多い場合は鑑賞メモなどを残すとベター。**「資料費」**という科目を立てている方は多いようです。鑑賞した際の交通費も、ここに計上できます。

　イラストレーターやマンガ家の場合、現代は多くの資料をネット上や図書館などで調べることが可能な時代ですが、他人が撮影した写真を無断で利用するのは犯罪になりますので要注意。

◁ 研修費

セミナーの参加費用は「研修費」として計上できるということですが、トークイベントとかもＯＫですか？

仕事に関係するものならＯＫですよ。

そうか〜。ぼく、デッサン会に誘われてるんですけど。

もちろんアリです。

尊敬してるイラストレーターさんが出るイベントとか、イラスト原画展の入場料はどうなりますか？

技術の習得や研究につながるなら「研修費」。おつきあいの意味が強ければ「接待交際費」（73ページ）かな。

↓POINT

セミナー、イベント、勉強会、研究会の参加費用は「研修費」に。領収書が用意されていないことも多いので、自分で出金伝票を書きましょう（46ページ参照）。「仕事に関係する出費」であることの証明として、開催された会場の場所、簡単な内容などもメモしておいて。

英会話などのレッスン費や教材代は、仕事に直接必要だとしても、趣味、スキルアップの要素が強いと判断されやすく、経費にするのが難しい支出です。英会話の本くらいなら主張できます。

STEP 08

接待交際費

◁人づきあいはフリーランスの金脈でもある

「接待交際費」ってオトナの響きだな〜。でも自分には関係なさそう（笑）

そんなことないですよ。例えば、イベントやギャラリー展へ行った時の入場料。これも「おつきあい」の意味が強ければ、「接待交際費」になるんです。

なるほど！
確かに、仕事で知り合った人のイベントや展示に行く時は本人にご挨拶する目的もあったりしますしね。

そうね。おつきあいはフリーランスにとって大事な営業の場でもあります。

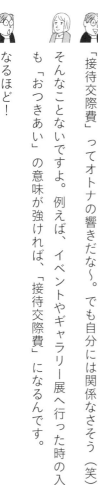

正直、「新年会とか忘年会とかめんどくさ〜」って思ってたけど、フリーランスになってもちゃんと行った方がいいんですか？

私は行くようにしてるかな〜。やっぱり営業ができる場だしね！
それに普段ずーっと1人で仕事してるから、誘われるとめっちゃうれしいよ。
同業者の人に会えるのも貴重な機会だよ。いろんな情報交換もできるしね。

いいなぁ。先輩、そういうのぜひ誘ってください！

いいよ（笑）。
初対面の編集者さんと「こういう企画やりたいですね」って盛りあがって、仕事につながったこともあるよ。タバタくんも頑張れ〜。

↓POINT

営業を目的とした集まりの飲食代、仕事先の方への贈答品、祝儀（結婚祝い、出産祝い）や香典も、接待交際費に計上できます。領収書がもらえないものは、忘れないうちに自分で出金伝票を書いておきましょう。

ちょっとした手みやげや謝礼は仕事の潤滑油

フリーランスの人って仕事先の人にお歳暮やお中元を贈ったりしてるんですか？

最近は少なくなってきていますね。
でも、ちょっとした手みやげなんかを持っていくことはあるのでは？　これも立派な接待交際費です。

あ～、ぼくの勤め先でもフリーのカメラマンの方で、よくお菓子を持ってきてくれる人がいたな。
地方への出張や、旅行に行った時のおみやげとかくれたんですよ。
あれはうれしかった。ぼくもやろう！

やりすぎない程度にしてくださいね。
接待交際費だけが目立って多くなると、税務署に不自然に思われることもありますから！

ヒエッ。賄賂と思われる!?　いくらまでならいいですか？

金額というより、他の勘定科目とのバランスの問題ね。とび抜けて多いと変だから。手みやげって、高いものじゃなくてもいいんですよ。わざわざデパ地下に行かなくても、コンビニのお菓子や飲み物だって十分です。要は「いつもお世話になっております」という気持ちが伝わればいいのです。

仕事先の人への義理チョコもＯＫ？

はい。これはプチお歳暮みたいな存在になってきてるかもしれませんね。そのほか次のようなものが「接待交際費」に含まれます。

接待交際費に含まれるものの例

［花束、お酒］知人の個展や事務所開業祝いなどにちょっとした贈り物を持っていくのもフリーランスのセンスの見せどころ。

［謝礼］「記事を書く上でアンケートに協力してもらった」「モニターとして協力してもらった」などのお礼として支払うお金。図書カード、ビール券などでもＯＫ。

［クラウドファンディングの支援金］支援する相手と仕事上のおつきあいがあ

る場合は接待交際費になります。祝儀や香典と同じ判断基準です。おつきあいはなくても自分の仕事に関連するなら「消耗品費」、単なる趣味ならＮＧです。

［年賀状、暑中見舞いなど］「通信費」、「広告宣伝費」に入れてもかまいません。

↓POINT

たとえば帰省や個人的な旅行の際でも、「仕事先の人のために買ったおみやげ」は接待交際費の経費にすることができます。ただしプライベートの友人へのおみやげはＮＧですから気をつけましょう。

STEP 09

広告宣伝費

自分を売りこむために使う経費

「広告宣伝費」というとなんだかものものしいけど、つまり自分を売りこむため、自分の能力や作品を宣伝するための費用です。日常的なものでは名刺とかですね。

「フリーランスになりました」っていう挨拶状もここに入るんでしたよね。

切手代に含めて通信費にしてもいいですよ。

そういえばぼくがいたデザイン事務所では、創立10周年記念に社名を入れたボールペンをお得意様に配ってました。ああいうのも、いいな！

タバタくんは、自分のウェブサイトはありますか？

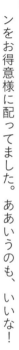

はい。自分で作りました。

すばらしいですね！
もし、外部の人にウェブサイトの制作を依頼した場合の費用も、広告宣伝費に入りますよ。

売りこみといえば、個展とかグループ展の参加費用も広告宣伝費になるんですかね？

そうそう。会場費だけじゃなくて、展示にまつわる費用も全部入るわ。ポストカード、案内チラシやポスターなんかもＯＫよ。

うわ〜。グループ展には参加したことがあるけど、いつか個展やってみたいんですよね。オープニングパーティーなんかもやったりして。

その時はオープニングパーティーでふるまう飲み物や食べ物も、広告宣伝費に計上するのを忘れずにね。
個展やグループ展を開くとなるとお金はかかるけど、しっかり準備してやれば営業としての効果は得られますからね。
パーティーで会費を取るケースでは、その会費は収入に計上します。

たとえば、1回だけ仕事をしたけどしばらくご無沙汰してる編集者さんにDMを出すとか、アプローチするいい機会にもなりますよ。

↓POINT

自分をよりよく宣伝していくことはフリーランスの務め。基本的に美容院代やメイク代を経費にするのは難しいのですが、ミュージシャンや司会者など、人前に立つ仕事の方にとっては「宣材写真」や「プロフィール写真」が重要です。この場合はプロの手によるヘアメイク代、衣装代（ただしプライベート用には転用できないようなもの）は広告宣伝費として認められます。

STEP 10

給料・外注費

◁ 手が足りない時のお手伝い代

フリーランスの仕事を始めたばかりの人には、あまり必要となるケースはないかもしれません。ですが、たとえば図書館での資料探しやコピー取り、イラストの色塗りなど、臨時アルバイトを頼みたい時もあるでしょう。

「支払う側」になるといろいろややこしいことも出てきます。みなさんが依頼主から報酬をもらう時は「源泉徴収」されてますよね。本来はそれと同じことをしなければならないわけです。

へえ。いざという時のために覚えておきます！

たとえば、自分の事務所に来てもらって、身の回りのお手伝いをしてもらう時は雇用していると考えられるから、その場合は「給料」。一方で、イラストの制作を同業にお願いするような時は、委任・請負しているとすれば「外注」。給料なら給与計算が必要だし、外注なら請求書をもらって振込したりする感じかな。

↓POINT

アルバイトを頼む際には事前にきちんと時給など金額を明示し、トラブルが起きないように注意しましょう。このようなところもフリーランスとしての管理能力、人間性が問われるところです。

外注と給与の区分は国税庁のウェブサイト（https://www.nta.go.jp/law/tsutatsu/kobetsu/shotoku/shinkoku/091217/01.htm）を参照してみてください。

STEP 11 これは経費になる？ よくある質問検討会議

◁何事もケースバイケース。自分なりの理論を持とう

これまで代表的な勘定科目について解説してきましたが、これはあくまで「一般論」です。「これは経費に入るのかな？」と思った時に、書籍やインターネット上でいろいろな情報を見つけることができますが、その回答もすべて一致してはいないはずなんです。
迷ったら、まず最初に**「〝自分の〟仕事になくてはならないか」「この仕事をしていなければ、購入しないか」**を考えてみてね。

はーい！

それから次に「世間一般」の常識とすりあわせてみます。本やネットの情報を見るかぎり、「経費にはならない」とされていたとしても、**「私の仕事のスタンスでは、絶対に必要である」とその理由を主張できる自信があれば、堂々と経費に計上**しましょう！

◁Q1　メガネ

経費にしていいのかダメなのか考えるのがだんだんおもしろくなってきました（笑）。メガネはどうですか？

はい、**経費になりません！**　メガネは仕事にかかわらず必要でしょ？

私、パソコン用グラスを使ってるんですが、これは？

仕事でしかパソコンを見ないと言えるなら通るかもしれませんが難しいでしょうね。これは控除の話になるけど……レーシックで目の治療を必要とする状態でメガネを購入する場合、その費用が**「医療費控除」**の対象になることはありますね。

Q2 スポーツジム代

ジム通いは健康維持のためとすれば、経費に入るかな？

ぼくのいた会社では会社がジムの法人会員になっていて、社員が自由に使ってましたよ。社長が「福利厚生費で処理してる」って言ってました。

「福利厚生費」は、雇用主が従業員の慰労のために使うお金になりますね。個人事業主でも従業員がいればＯＫだけど、**フリーランスの場合は認められないわね。**

↓POINT

雇用主と従業員がいる職場では、おやつや残業食事代なども「福利厚生費」で処理されます。フリーランスの場合は、どちらも日常生活との線引きがあいまいなため、経費に計上することはできません。

ちなみに、仕事の来客用のお茶菓子代は「会議費」に当たります。

◁Q3　マッサージ代と栄養ドリンク

長時間パソコンに向かってると首も肩もガチガチになっちゃうんで、ときどきマッサージに行くんですけど。これはもしかして経費になる？

う〜ん、これも難しいかな。「仕事の後の疲れを癒す」みたいなものだから。「マッサージに行かないと、もう腕が上がらない」レベルになると、今度は「治療」の範囲内になるけど……。

栄養ドリンクはどうですか？　ぼくにとっては仕事に必要なものの一つなんですが。

ダメですね。ふつうの飲み物と同じ扱いです。

↓POINT

マッサージ代、インフルエンザの予防接種など「体調管理」のための支出は経費になりません。また、企業に義務づけられている「労災保険」に当たるものもフリーランスにはありませんのでご注意を。

◁ Q4　酉の市の熊手

私、去年初めて酉の市に行ったんです。ちょっとがんばって4千円もする熊手、買っちゃったんですよね。商売繁盛の縁起物……つまり仕事に関係する物だし、どうですか？

縁起物なんて、経費にならないでしょ!?

会社の場合は経費になりますよ。ただし、勘定科目は「寄附金」。宗教法人や神社、「お祭」への寄附金という扱いになります。全額ではなくて、割合が決まってるけど。

フリーランスの場合は？

「業務を行う人」と「個人」の線引きが難しいので、**経費にしにくいですねぇ。**でも熊手に事務所名が入っていたり、事務所に飾っているのは、金額にもよりますが、個人的には主張したいですけど……。

Q5　車、バイク、自転車。ガソリン代や駐車場代など

仕事場への通勤に使っていたり、カメラマンやミュージシャンなどが機材を運ぶのに必要ならOK。車体に関しては10万円以上のものは「減価償却」の対象になります。

プライベートで使っててもいいんですか？

そこは、「地代家賃」（54ページ）のところで覚えた「按分」という考え方を使うことになります。これは、走行距離から割り出せばハッキリ比率が出せますね。

↓POINT

仮に業務用と私用の比率が「7：3」の場合。次のものは按分して各勘定科目に計上します。

月極の駐車場代↓地代家賃
車まわりの備品↓消耗品費
ガソリン代↓旅費交通費

仕事で使ったことが明確な高速代金、時間貸しの駐車場、レンタカー代などは按分せず、まるごと「旅費交通費」にしましょう。

「経費で落とす」は魔法じゃない！

どんな勘定科目にするかは、あまりこだわらなくても大丈夫です。「雑費」はなるべく使わず、近い勘定科目に振り分ける癖をつけるといいですよ。

「経費を使った分だけ課税所得を減らせる」と言うことはできるけど、「これは経費で落とせるから」と景気よくお金を使いすぎて、残高はいつもギリギリでは意味がありません。

会社員の人が「経費で落とすから」と言う場合は、「会社がそのお金を後から全額払ってくれるのを《立て替えている》ことになります。フリーランスの場合の「経費で落とす」はそれと違うことをお忘れなく！

経費で落とせるかどうかの例

［ミュージシャン］

・楽器代→◯　10万円を超える場合は固定資産扱い（減価償却）。

・ライブハウスのレンタル代→◯

・ライブの日の食事代↓×

・練習のためのスタジオレンタル代↓△　自宅ではなくスタジオをレンタルする必要性があればＯＫ。

・ライブ後の打ち上げ代↓△　営業相手が同席の場合は「接待交際費」に。

［ハンドメイド作家］

・ミシンや工具など↓◯　10万円を超える場合は固定資産扱い。

・布やビーズなどの素材↓◯　材料費

・作業服やエプロン↓◯

・販売許可の申請料、イベントなどの出展料↓◯

・小物やアクセサリーのモデル代↓◯

・ファッション雑誌↓△　作品を作る上での参考資料であれば「資料費」に。

STEP 12

帳簿の記帳のしかた

◁ 会計ソフトを使えば帳簿づけは意外とカンタン

さて、ここまで経費について解説してきましたが、領収書やレシートを集めてきたのもすべては帳簿をつけるため。

そ、そうでしたね……。帳簿ってそもそもどうやって書くんですか？

簡易帳簿で確定申告する場合は、家計簿の延長線上みたいなものと考えてもらってOK。次の項目が書いてあれば十分だから。

日付（支払った日）／科目（勘定科目）／金額／摘要（勘定科目のくわしい内容）

専用の帳簿みたいなのが売ってるんですか？

手書きでもがんばればできるけど、まあ相当集計に時間はかかるわね。
効率を考えたらエクセルか、会計ソフトを使うのがいいよ。
会計ソフトはいろいろあるけど、「やよいの青色申告」は使っている人が多い印象よ。下の画面の項目に入力していけば、勘定科目ごとの合計額を出すのもカンタン。本当は確定申告の前に一気にやるんじゃなくて、毎日とは言わないけど1週間や1か月に1回くらい入力作業をやっておくといいわね。

かんたん取引入力
取引手段の絞り込み
すべて
現金
預金
クレジットカード
売掛・未収
買掛・未払
収入
支出
振替
取引日 *
20**/01/01
取引例を探す
科目 *
旅費交通費
取引手段 *
摘要
取引先
金額 *
0
同じ取引を続けて登録
登録
クリア
取引の一覧
入力の表示
非表示
日指定
20**/01/01
20**/12/31
絞り込み
更新
編集
削除
コピー
よく使う取引に登録
1 / 1
帳簿ダウンロード
登録元
取引日
付箋
取引分類
科目
摘要
取引先
取引手段
金額
（「やよいの青色申告オンライン」より）

◁ 白色申告と青色申告の違いは「特典」にあり

えーと、「白色」と「青色」って結局どう違うんでしたっけ？

ざっくり言うと、青色申告は多少手間がありますが「特典」を受けられますよ。黒字の時は、**特別控除額（10万円・55万円・65万円）**があるし、赤字の時は、その**赤字を3年間繰り越せるメリット**があります。

↓POINT

「青色申告特別控除」は「10万円」「55万円」「65万円」の3種類があります。じつは「10万円控除」のほうは、白色と同じレベルの帳簿でOKなのです。ただし**「青色申告」をするには、青色申告をしたい年の3月15日までに申請することが必要**です。

「青色申告特別控除10万円」は白色申告とあまり変わらないから「青色55万円65万円控除」より挑戦しやすいですよ。

↓POINT

「青色申告特別控除55万円65万円」を申請できる3つの条件
①事業的規模であること（本業であること）
②貸借対照表と損益計算書を提出すること
③申告期限内に確定申告書を提出すること

「青色申告特別控除65万円」を申請できる2つの条件（どちらかでOK）
①電子申告（e-Tax）で提出
②電子帳簿保存による記帳と保存

難しいのは、②の「貸借対照表」。これは、「複式簿記」という帳簿のつけ方にもとづき、12月末時点の財産の状況（おもに資産と負債）をあきらかにします。複式簿記とは「4月25日に家賃5万円を現金で支払った」という取引を「経費（家賃）が発生した」「現金が減少した」と分解し記帳するものです。1件で2種類の記録が必要なので「複式簿記」と呼ばれます。

◁帳簿は領収書とともに手元で7年間保管する

帳簿って確定申告の時に提出するんですか？

いいえ、提出はしなくていいですよ。帳簿や領収書などの書類は、確定申告書や決算書に書きこむ金額の裏づけになるからこそ、きちんと記録する義務があるっていうだけです。ただ、万が一税務調査があった時には、必要になります。**あと帳簿と領収書類は、7年間保管する義務があります。**

かさばるけど、捨てちゃったらまずいんですね。

帳簿や領収書がないと「経費をごまかしてない」ことの証明ができないでしょ？　証拠がないと、最悪の場合、追加で税金を納めなきゃならない可能性も出てきますよ。

COLUMN_2

「税務調査」ってなんだろう

確定申告書に不審な点や疑問が見られる場合、税務署の調査が入ることがあります。

税務調査は、申告の内容を確認するために行われます。たとえば経費の金額が多すぎるように見えたり、一部の勘定科目が目立って多かったりする場合、故意かミスかはともかく、不備があるのではないかと考えるわけです。

「税務調査が入るのは、高額納税者だけじゃないの?」と思っていてはいけません。白色申告者にも調査が入るケースがあるのです。

よくドラマなどで「脱税が疑われた会社に調査官が強制捜査に踏みこんでくる」なんてシーンがありますが、そんな物騒な感じではありませんよ。もちろん実際にもそうしたケースはありますが、あくまで大規模な脱税をしている(確証がとれている)人に対して、証拠隠滅させないために予告なしで乗りこんでくるのです。

さて、もしあなたのもとに税務調査が入るとしたら、まず税務署の担

当官から電話で「調査をしたい」と連絡が来ます。調査の日が決まったら、調査官がやって来ます。調査官は、あなたが記録した帳簿、領収書などを見ながら質問をしてきます。疑わしいと思うことは遠慮なくつっこんでくるかもしれません。それが仕事ですから。

「これは経費としては認められません」と言われたとしても、すぐに従わなくてもいいのです。あなたの仕事の背景を知っているのはあなただけ。「経費になる」根拠を述べましょう。しかし、自分の考えが間違っていたとわかったら「それは知らなかった」と素直にミスを認めましょう。

最終的に課税所得に変更が生じれば、税額が変わったり、追徴金や罰金が発生する可能性もあります。

ですが、あなた自身が「ごまかす」意図を持っていない限りは、大きなペナルティーにはなりませんのでご安心を。

税務調査でなくても、税務署などから問い合わせが来た時は、冷静に内容を聞くことを心がけましょう。

CHECK!

PART2 まとめ

✓ 領収書やレシートは紙で保管する

原則、紙で保管が必要なので、クレジットカード利用時には注意！　また、何の領収書かわからなくならないうちにメモをして、たまらないうちに帳簿をつけるとベター。

✓ 勘定科目は自分で決める

会計ソフトや確定申告書類にはあらかじめよく使われる勘定科目の名前が記されているが、そこにない科目を自分なりに設定してOK。

✓ 帳簿や領収書類は7年間の保管が義務

万が一税務調査が来た時に提出する必要がある。これがないと思わぬピンチを招くかも？　知識がなくても、ミスがあっても……「意図的にごまかそうとしていない」態度を示すことが大事。

PART 3

「控除」を理解して課税所得を減らす

この章では所得控除をマスターするわよ！
えーと…「控除」ってなんでしたっけ？
ガクッ
すみません「経費」で頭がいっぱいになっちゃって…
売上（収入）－経費－所得控除＝課税所得
はいじゃあ復習ね
これを見ても思い出せない人は24ページから読んで！
うんおぼえてる
節税のために重要なのは？
経費をきちんと計上すること
ハイ！
そして自分にあてはまる所得控除をもらさず申告すること
……

ガクガク
で控除ってなんなんでしたっけ?
あんたさっきメモ取ってたじゃないの!
アホなの?・
検索してみると
「控除」は「差し引く」ことって出てるね
所得控除には15種類あって私たちの生活状況や家庭環境の違いに配慮して納める税額を公平にするために設けられた制度なの
神対応ってやつ?・
まずほかの所得控除のように一定の要件に該当する必要がなく一律に適用されるのが「基礎控除」!
やったー!!

以前は一律38万円が基礎控除だったんだけど2020年からは所得に応じて控除額が違うの
合計所得金額が2千500万円以下の人は所得に応じて16～48万円の基礎控除が受けられます！合計所得金額が2千500万円超の人は基礎控除0円ね
つまりそうとう稼いでないかぎり16～48万円控除されるってことよ
たぶんそんなに稼がないからヨユーです！
よろこんでる場合？
それからもうひとつ注目してほしいのが「社会保険料控除」ね
フリーランスの人たちは国民健康保険国民年金を個人で納付してるけど
なんとその全額が控除されることになります！
わーい！
今まではユーウツだったけど控除になるなら納付する気分になってきたぞ！

＊その年の総所得金額等が200万円未満の人は、総所得金額等の5％の金額を超える金額が医療費控除の対象金額になります。

でも医療費は診療代だけじゃないのよ
病院に行く時の交通費や薬代
ドラッグストアで買ったカゼ薬もＯＫ！
TAXI
気をつけなきゃいけないのは所得控除は基本「自己申告」だからね
自分で該当する所得控除を申告しないといけません
気をつけろよ
おまえが言うな！
次のページの一覧表を見てね
くわしい内容はこのあと解説していくよ！
ハーイ

所得控除まとめ

控除の種類	概要	控除額
基礎控除	所得2500万円以下の場合	所得額に応じて16～48万円
社会保険料控除	社会保険料（国民健康保険や国民年金）を納めた場合の控除	その年に支払った金額を全額控除
配偶者控除	年間の所得が48万円以下の配偶者（夫か妻）がいる場合の控除	最高38万円（配偶者が70歳以上の場合は最高48万円）
配偶者特別控除	年間の所得が48万円～133万円以下の配偶者（夫か妻）がいる場合の控除	最高38万円
扶養控除	年間の所得が48万円以下で16歳以上の扶養家族がいる場合（配偶者以外）	38～63万円（扶養親族の年齢による）
寡婦控除	夫と離婚や死別した場合の控除	27万円
ひとり親控除	ひとり親で年間の所得が48万円以下の子がいる場合の控除（事実婚は除く）	35万円
障害者控除	本人、配偶者（夫か妻）、扶養家族が、所得税法上の障害者に当てはまる場合の控除	27～75万円
勤労学生控除	本人が特定の学校の学生で、勤労による所得がある場合の控除	27万円
生命保険料控除	民間の保険会社に生命保険料などを支払った場合の控除	最高12万円
地震保険料控除	民間の保険会社に地震保険料などを支払った場合の控除	最高5万円
医療費控除	病院などで医療費を一定以上支払った場合の控除	その年に支払った医療費のうち10万円を超える金額を控除（最高200万円）
小規模企業共済等掛金控除	小規模企業共済などの掛金を支払った場合の控除	その年に支払った金額を全額控除
寄附金控除	寄附をした場合、ふるさと納税をした場合の控除	「特定寄附金 － 2000円」が控除額となる（年間所得の40%が上限）
雑損控除	災害や盗難などで損害を受けた場合の控除	損失額に応じて控除額が算出される

STEP 01
基礎控除

◁ 所得2千500万円以下ならだれでももらえる！

「基礎控除」は2019年までは、納税者すべて一律38万円となっていましたが、2020年より改訂され、所得に応じて控除額が変わります。次のページの基礎控除額の表をみてください。

え、これはありがたい！　とてもじゃないけど所得2千500万円超も稼げる気がしないし（笑）。**所得2千400万円以下なら、いきなり48万円も控除される**んだ。

基礎控除はすべての納税者を対象にしてるので、*会社員にも適用されています。会社で処理してたから、この恩恵を受けていたことに気づかなかったかな？

＊会社員に適用される給与所得控除は、基礎控除が10万円増加した分、10万円の減額となりました。

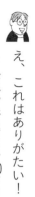

え〜。全然知りませんでしたよ。

まぁ、会社員の人が年末にもらう源泉徴収票に、基礎控除がいくらかどうかは書いてはいないですからね。きちんと「所得控除の合計額」に含まれていたんですよ。

税率が上がるニュースには敏感になるけど、こういう地味ながらうれしい改正にはなかなか気づかないものですね。これからは税金の話題にも興味を持って、自分から新しい知識を得ていくように心がけます！

基礎控除額

個人の合計所得金額	控除額
2400 万円以下	48 万円
2400 万円超 2450 万円以下	32 万円
2450 万円超 2500 万円以下	16 万円
2500 万円超	0 円

STEP 02

社会保険料控除

納めた全額がまるっと控除になる！

フリーランスのみなさんは、**国民健康保険と国民年金に個人で加入することが義務づけられています。**

「社会保険」には、健康保険や介護保険、年金など、さまざま含まれます。生活に潜むリスクに備えるための社会保障だね。そして、その年に納めた「社会保険料」の合計金額は、全額控除になりますよ！

ちゃんと全額納めないと……なんですけどね。

オカダさん、もしかして未納分があるの？

保険証が使えなくなると困ると思って国民健康保険はしっかり払ったんですけど、お金が厳しくて、年金は去年半分くらい滞納してます。

あらら。事業が軌道にのるまで**「国民年金保険料免除・納付猶予制度」**を利用することも手です。

あ、そういう制度があるんですね。ちょっとホッとしました。

「未納」だと遡って2年前までしか納められないところ、制度を利用して「追納」すると10年前まで遡って納めることができます。支払った時は「社会保険料控除」として控除を大きくできますね。
納めるのがキツい時は黙って滞納せずに、年金事務所に相談するといいですよ。

STEP 03

配偶者控除・配偶者特別控除 寡婦控除・ひとり親控除

◁ 結婚相手の収入が少ない場合に使える控除

家族を養うのはたいへんなことですよね。そんな扶養する家族のいる納税者にやさしい制度が**「配偶者控除」**、そして113ページで解説する**「扶養控除」**です。

「配偶者」とは男性にとっての妻、女性にとっての夫。厳密に言うと法的に婚姻関係を結んでいる相手のことで、同棲相手は認められません。

ぼくが結婚して妻を養うようになったら、配偶者控除を受けられるの？

それには、控除を受ける納税者本人の所得が1千万円以下であることのほか、配偶者に対して条件が3つあります。①タバタくんと生計を1つにしていること　②年間の

合計所得金額が48万円以下　③タバタくんからお給料をもらっていないことです。

それにしてもぼくの妻が、あっ、架空の妻ですが……パートをしてたとして、年間の合計所得が48万円ってちょっと少なくないですか？

あ、これは給与金額そのものではなくて、給与所得控除をマイナスした後の金額ね。給与のみの場合は給与収入が103万円以下が条件になりますよ。

はあ〜〜……。

配偶者特別控除*の方は、配偶者の合計所得金額が「48万円超133万円以下」の場合に受けられる控除ね。他の条件は配偶者控除とほぼ同じです。

◁ 夫と死別か離婚した場合に適用できる「寡婦控除」

「寡婦控除」は納税者が女性で、夫と死別（あるいは離婚）をし、1人で子育てをしたり扶養家族がいる場合に受けられる控除です。自分の合計所得金額が500万円以下という制限があります。

＊配偶者特別控除は、配偶者控除の条件を超える場合でも、税負担が急増しないよう設けられた緩和措置です。

もし自分があてはまるようになったら、この控除を忘れないようにしたいですね！

シングルマザーでも受けられる「ひとり親控除」

ひとり親控除は、２０２０年からできた控除です。事実婚の状態がなく、生計を１つにする子がいて、合計所得金額が500万円以下で受けられます。35万円の控除です。

未婚で産んだお子様がいる時も対象になるのよ。

シングルマザーのお友達がいるんだけど知ってるかな？　教えてあげよう～。

婚姻歴の有無や性別にかかわらず、条件に当てはまればシングルマザーはもちろん、男性でも受けられるのよ。

STEP 04

扶養控除

親や子どもを養っている人が対象

扶養控除は、配偶者以外の親族（親や子ども）と生計を1つにしていて、その相手が16歳以上で合計所得金額が48万円以下の場合に受けられる控除です。控除される金額は扶養家族の年齢によって変わります。

親や子どもだけではなくて、6親等以内の親族と、3親等内の姻族が対象になりますよ。配偶者の祖父母や兄弟姉妹、自分の兄弟姉妹の孫とかもOK。ちなみに、いっしょに住んでなくてもいいですよ。

え？　同居してなくても「扶養家族」になるんですか？

たとえば遠くに住んでる親や親族に、断続的に生活費や養育費、療養費を送金していれば「扶養家族」扱いにすることができます。

なるほど。ということは、もしぼくの稼ぎがなくて実家の親に仕送りしてもらうなんてことになった場合は、親の扶養家族になればいいわけですね……ハァ。

言いながら落ちこまないでよ（笑）。

そうならないようにがんばります！

↓POINT

兄弟2人が実家の父親に送金している場合、父親を「扶養家族」にできるのはどちらか1人です。贈与をしていると認定されることもありますので、仕送り額は多すぎず、親が生活費を必要としている経済状態でなければダメです。

STEP 05

障害者控除・勤労学生控除

「障害者控除」は、納税者本人、または配偶者、扶養家族（年齢問わず）が「所得税法上の障害者」に当てはまる場合の控除です。
対象となるのは精神上の障害、知的障害、身体障害、戦傷病者手帳の交付を受けている人、原子爆弾被害者のうち厚生労働大臣の認定を受けている人など。障害の状態や年齢などによって控除額は異なります。
扶養控除と同じく、対象となる人と生計を1つにしていることが条件ですので、同居していなくてもOK。たとえば施設に入所している障害者の家族に送金している場合も控除が認められるのです。

ふむふむ……。

「勤労学生控除」は、働きながら学ぶ学生（年間のアルバイト収入額が130万円以下）に配慮した控除です。アルバイト収入にも税金がかかるのは知っていますよね？

はい！　学生時代にしてたアルバイトでばっちり引かれてましたね！

これはね、学生であればだれでも受けられるわけではなく、「所定の学校」に通っていること（該当するかどうかは学校の窓口に確認を）が条件となりますよ。また職業訓練法人の行う「認定職業訓練」を受けている人でも該当する場合があります。

ただし、**自分が扶養している子どもが「勤労学生控除」を受けた場合は、「扶養控除」は適用されなくなります。**

STEP 06

生命保険料控除

いざという時のことも視野に入れておこう

もしケガや病気で入院することになったら……そんな「いざという時」のために加入しておくと安心なのが生命保険です。**生命保険にはいろいろな種類がありますが、控除を受けられるのは、①一般生命保険（死亡保険）②介護医療保険　③個人年金保険の3つです。**

①は自分が死んだ時に家族や親族が保険金を受け取るもの。②は入院や手術、介護が必要な状態になった時のための備えになります。③は老後の生活資金を見すえた、個人的な年金の積み立てです。

貯金、ほとんどないからなぁ。もし入院なんかすることになったらどうなるんだろう

……。保険って高いんでしょ？　病気をしなかったら損にならない？

介護医療保険には「掛け捨て」と「積み立て」の2種類があるよ。「掛け捨て」はある一定期間を定額の掛金で保障するもので、20代なら月額2千円くらいのプランもあります。だけど、支払った保険料は返ってこないのが一般的。「積み立て」のほうは月1万円くらいは必要だけど、契約期間の満期まで払えば、満期保険金と保障が得られます。

↓POINT

生命保険は選択肢が多く、複雑な商品ですから、加入は慎重に。また、自分の収入に対して支払いに無理がないよう、よく比較検討しましょう。突然発生する医療費は心配なものですが、医療費の上限額（年齢や所得に応じて異なる）を超えた場合に、その超えた額が払い戻される健康保険の**「高額療養費制度」**もあります。

STEP 07

地震保険料控除

◁ 地震大国だからこそ加入が推奨され、控除の対象に

地震保険は、地震による損害で生じた損失に相当する額を補填する保険金が支払われます。**法律によって「火災保険」とセットで契約することになっており、単独では加入できません。なお、火災保険料は控除の対象になりません。**

つまり、地震保険に加入するには火災保険に加入してることが条件だけど、控除の対象になるのは「地震保険」だけということ？

そう。近年、日本では大きな地震が各地で起こっているでしょ。国民が大地震に備えて地震保険に加入することを推奨しようという国の意向が反映されているわけ。

保険の対象は「居住用の建物」と「家財」に分かれています。

まあぼくは賃貸だし……。それに、家財っていうほどのものもないから、加入しなくてもいいんじゃないかな。

パソコンだって重要な家財じゃない？　食器類、電気器具類（炊飯器やテレビなど）、家具類（机や椅子など）、衣類や寝具、その他カメラや本や楽器……家の中にあるものはほとんど対象になりますよ。対象にならないのは車、30万円以上の貴金属や骨董品、美術品ですね。

↓POINT

確定申告時には、**「地震保険料控除証明書」**の提出が必要です。火災保険と地震保険の料金が1枚の証明書に書かれている場合、「地震保険料」の分だけを申告します。「生命保険料控除」「地震保険料控除」はどちらも保険料に応じた一定額が控除の対象になるものです。

STEP 08

医療費控除

◁ 年間の医療費のうち10万円を超えた分が控除額に

医療費控除にできるのは、病院や歯医者などでの治療代。また、薬代や病院に行く際の交通費など「治療を目的とした医療行為」も計上できます。ざっくりと計算すると年間に使った医療費が12万円の場合、「12万円－10万円」で、2万円が控除できますよ。

病院代や歯医者代だけじゃ10万円超えなさそうだけど、薬代とかも入れるともしかしたら……。薬局で買うかぜ薬代にも結構お金を使ってますよね。

医療費になりそうなもののレシートは、「医療費用」の封筒を作って1年間まとめておくといいですよ。何が医療費に入るのかの線引きは難しいところもあるけど、ポイ

ントは「治療を目的としているかどうか」です。たとえば、人間ドックやインフルエンザの予防接種は医療費になると思いますか？

どっちも「治療」じゃないから……医療費には入らないかな？

そう。だけど、例外もあります。人間ドックを受けて大きな病気が見つかり治療を受けることになった場合は、人間ドック代を医療費に計上できます。

は〜、治療につながると検診も治療目的とみなされるんですね。なるほど。

医療費控除は、一般的には10万円を超える部分と言われているけど、正確には所得金額の合計×5％と10万円を比べて低い額を超える分になります。所得がちょっと少なめだったりすると、医療費控除として受けられる金額が増えますよ！

確定申告書に**「医療費控除の明細書」**を作成して添付します。領収書は5年間保管しましょう。

医療費控除として認められるもの

医師・歯科医師による診療費・治療費　通院のための電車・バス代　かぜ薬・鎮痛剤・胃腸薬・傷薬　金歯・金冠・入れ歯などを使用した歯の治療費　松葉杖　レーシック手術　妊娠中の定期的な検診費　妊婦や新生児の保険指導料　など

医療費控除に認められないもの

自分の車で通院した場合のガソリン代　入院時の身のまわりの物の購入費　予防注射費用　成人病の検診費　子どもの定期検診費　疲労回復ドリンク　健康器具　体温計　健康維持のためのスポーツジム費　健康維持のためのマッサージ費　近視・遠視・乱視用のメガネ代　診療費代

ケースによって医療費控除に認められるもの

歩くのが困難な場合の通院時タクシー代　病院で出る入院時の食事代　病気が発見された時の人間ドック代　治療のための整体　マッサージ　はり・きゅう　治療のためのスポーツジム費治療や療養を目的とした漢方薬やビタミン剤　歯列矯正代（容ぼうを美化する目的は不可）

◁ セルフメディケーション税制

「医療費控除」が受けられる「医療費が10万円以上」になるのは、なかなか高いハードルですよね。

そこで医療費控除の特例として、自分の健康に気をつけている人が、市販薬を購入した際に、その購入費用を所得控除できるようにした「セルフメディケーション税制」があります。

セルフメディケーション税制対象の商品を、1万2千円以上ドラックストアなどで購入した場合、1万2千円を超えた金額を控除することができます。

申告に必要になるので、購入した時のレシートを保存しておいてくださいね。

それから、健康のための取り組みをしていることの証明のため、申告を行う対象となる年の健康診断の領収書や、結果通知表が必要になります。

1万2千円なら使ってるかも……調べてみます！

「病院にはほぼ行かないけど薬くらいは買う」という人は、セルフメディケーション税制対象の医薬品を探してみてくださいね。

厚生労働省のウェブサイトから確認することができますよ。

健康のための取り組みをしていることの証明となる検診

①特定健康診査または特定保健指導
②予防接種
③健康保険組合や市区町村が実施する健康診査、人間ドックなど
④市町村が実施するがん検診

STEP 09

小規模企業共済等掛金控除

フリーランスの「退職金積み立て」

小規模企業共済等掛金控除は、小規模企業共済などの掛金を支払った場合の控除です。その年に支払った金額が全額控除の対象になります。これは、「フリーランスが自分のために積み立てる退職金」ですね。

そっか！　会社員には退職金があるけどフリーランスにはないですからね。

これに積み立てる金額は、全額控除の対象にできるのよ。加入するといろいろメリットがあるんだけど……くわしい内容はＰＡＲＴ４で解説します。

STEP 10

寄附金控除

年間合計額2千円を超えた寄附金が控除対象に

寄附金を被災地に少しだけ送ったことがあるんですけど、ホントに少しだからなぁ。

年間に払った寄附金の合計から2千円引いた金額が控除の対象になりますよ。たとえば年間に千円ずつ4回払った場合、「4千円－2千円」で2千円が控除額になります。

おお〜、そうなんだ！

ただし、受領書は必要になります。それから、この控除が適用されるのは国が認めた組織に限られるので気をつけてくださいね。

寄附金控除の対象となる主な組織

・日本赤十字社
・公益社団法人日本ユネスコ協会連盟
・赤い羽根共同募金
・公益財団法人日本ユニセフ協会
・国連WFP協会
・国際協力NGOワールド・ビジョン・ジャパン

↓POINT

国が認めた組織への寄附金が控除の対象になります。寄附する自治体を納税者が選択し、返礼品がもらえて控除できる**「ふるさと納税」**もこれに含まれます。詳しくはPART4で解説します。

STEP 11

雑損控除

◁災害や火災で資産に損失があった時

自然災害や火災、盗難など被害にあった時の損失に対して受けられる控除です。
雑損控除が受けられる被害は次の通り。

雑損控除が受けられる被害

①地震、台風、風水害、冷害、雪害、落雷などの自然災害
②火災、火薬やガス爆発など
③害虫などによる被害
④盗難、横領

いつ被災するかわからないから、これは知っておきたいですね。

そうね。雑損控除額は、**「差引損失額（損失額から保険や損害賠償金で補填される金額を引いたもの）－所得の10分の1」あるいは「災害関連の支出の合計額－5万円」のうち金額が大きいほう**になります。
ただし30万円で買ったパソコンが「30万円の価値がある」と評価されるわけではありません。また盗難や横領は対象になりますが、詐欺や恐喝の被害は該当しませんので、注意してくださいね。

税金を理解して上手に節税しよう

控除にはさまざまな種類があります。また世相を受けて税制改革が行われ、内容も変わっていきます。たとえば配偶者控除の「所得金額」は長年「38万円」でしたが、２０２０年から「48万円」に変わりました。これを知っているのといないのとでは配偶者の働き方が違ってきます。日々ニュースをチェックして、情報に敏感になりましょう。国税庁のウェブサイト「タックスアンサー」に詳しく載っています。

自分の事業で、生計を1つにしている家族に手伝ってもらう時、青色事業専従者給与（青色申告／要事前届出）・事業専従者控除（白色申告）として給料を支払うのがいいか、「配偶者控除」「配偶者特別控除」「扶養控除」として控除を取るのがいいかについてですが、後者の所得控除の方が簡単なのでおすすめです。なぜなら、前者の控除になる給料を支払うと給与計算が必要ですし、受け取る側は給与所得が発生し、所得税・住民税の課税が発生してしまいます。毎月一定の給料を支払うことができるようになるまでは、専従者扱いにしない方がいいでしょう。

CHECK!

PART3
まとめ

✓ 自分に当てはまる所得控除を把握しよう

確定申告書の基礎控除の金額が、空欄で提出されているケースが多いんです！　該当する控除を受けないと損することになるので、控除の内容をしっかり把握しましょう。

✓ 家族の収入状況も知っておこう

配偶者の収入金額・所得によっては配偶者控除が受けられます。また、同居していない家族でも扶養控除が成立することも。条件をよく調べて、得になる所得控除を見逃さないようにしましょう。

✓ 税制のニュースに敏感になろう

たとえば医療費控除の特例「セルフメディケーション税制」は2017年の確定申告より新設されましたが、あまり知られていないのが現状。日頃からニュースをチェックすることも大切です。

PART 4

フリーランスと社会保険

国民年金や健康保険などの社会保険料は
確定申告の時全額控除の対象になるっていうのはよーくわかったよ
よかったやっとわかってくれたわね
でもちょっとモヤモヤするとこもあるんだよね
たとえば？
還付金で納付したお金が返ってくるとしてもそれほどの額になるわけじゃないみたいだから
できれば払わないですむ方法ってないのかなぁ
あーそういう意見よくきくけど
とくに若い人たちから
還付金だけのために社会保険料を払うわけじゃないからね！

年金保険料や健康保険料に支えられる日本の社会保険制度によって
私たちはいろいろな形で恩恵を受けているのよ
え そうなの？
たとえば年金は老後のため
健康保険は病気の備え
年金手帳
健康保険被保険者証
自分のためだけじゃなく国民みんなで社会保障のシステムを支える…そのために支払うのが社会保険料なのよ！
そ、そうでした
よし確定申告を始める前に年金と健康保険についてくわしく解説しましょう
仕組みを理解すれば納得して払えそう！
ホント？

まず国民年金ね これは20〜60歳の全員が加入しなければならない国民の義務よ
義務?!
タバタくんも会社員の時は厚生年金だったけど
そうだったのか
会社を辞めてフリーランスになる人は厚生年金から国民年金に切り替える手続きを自分でやらなくちゃいけないよ
ハイ!
なんで2種類の年金があるんですか?
そうそう
厚生年金と国民年金には違いがあって
ズバリ厚生年金のほうが受給額が多いのよ
エエッ!
なんで?
かんたんに言うと厚生年金は会社が保険料を半分負担して保険料を多く払ってるからなんだけどね

そうだったんだ…ところで国民年金って月にいくら払うんですかね
月に約＊1万6千円所得にかかわらず一律の金額
ちなみに厚生年金は収入に応じて保険料が違うよ
やっぱサラリーマンのほうがお得？
フーン…それで将来いくらくらいもらえるんですか？
物価の変動によって多少変わるけど
20歳から60歳まできちんと払った場合だいたい月額6万5千円ね
…
あんまり多くないな
少子高齢化で受給額は減っていくのかなぁ…
そうね…
将来もらえる年金を増やして自分で備える方法もあるからあとで紹介しますね
ぜひ!!

＊国民年金の保険料は、毎年度見直しがおこなわれます。

それから会社員からフリーランスになる時「健康保険」から「国民健康保険」への切り替えが必要でしたよね
これも国民年金と同じで加入義務があるのよ
Yes!
健康保険は病気やケガをした時国が医療費のいくらかを負担してくれる「社会保険制度」です
診療費の3割が自己負担で7割は加入している保険団体が支払ってくれてるんだよ
自己負担は3割なのね
あそう言われるとイメージ変わりますね
ぼくの中ではお金を出して「健康保険証」を買わされてそれがないと病院で診てもらえないっていうイメージでした
NO

自分が健康な時に支払う健康保険料は負担に感じるかもしれないけど
みんなのイザという時のためにお金を出しあって医療制度を支えているのよ
そっかー だれだって いつ大きな病気にかかるかわからないからなぁ
お互いさまだよねー
大きな病気をした人はたくさん医療費をはらわなきゃいけないわね
入院や手術で医療費が多くなってしまった時は「高額医療費支給制度」が助けてくれるのよ！
へー いいじゃない！
で ぼくはいくら払うんですか？
前年の収入によって変わるのよ
収入が少なくて確定申告する必要がない人でも自治体に申告した方がいいの
所得がなかったり少ないことを確定することで保険料が軽減されたり高額療養費の支給条件が有利になったりするんです
なるほどいろいろと対応してもらえるんですね

STEP 01

国民年金

納付は国民の義務

国民年金は満20歳以上のすべての国民に納付義務があります。納める金額は、一律です。会社員からフリーランスになった人は、退社から14日以内に市区町村の国民年金窓口か年金事務所で「厚生年金」から「国民年金」への切り替えを行います。

国民年金に加入する際に必要なもの

①年金手帳
②退職証明書（会社からもらっておく）

③本人確認書類（マイナンバーカードや運転免許証、パスポートなど）
④本人のマイナンバー

20歳から60歳まで40年間も払い続けるのか……。長いなぁ。

そのかわり65歳になってから死ぬまで毎月、一定の額を受け取れる仕組みです。老後の備えは必要ですからね。

長生きしたほうが得なんですね（笑）。

ちなみに20~60歳まで満額を納めた場合は、月額6万5千141円の受給になります（2020年度）。満額を払ってないと受給額は少なくなりますよ。また、支払った期間が10年の受給資格期間*に満たないと、もらえない場合もあります。

そうかぁ。そもそも毎月払えるか心配になってきた……。

国民年金の保険料は郵送されてくる納付書でコンビニや銀行で支払うことができま

＊年金を受けるために必要な保険料納付済期間。

す。銀行引き落としもできますよ。もし「今どうしても払えない！」という時は国民保険料免除・納付猶予制度の手続きをしましょう。この場合、将来受給する年金額が減らないようにするには**「追納（あとから納める）」**する必要があります。払うのがきびしい時は黙って滞納しないで、市区町村の役所や年金事務所に相談してくださいね。

年金についての相談

・市区町村の役所や年金事務所
・ねんきんネット　http://www.nenkin.go.jp/n_net/
・ねんきんダイヤル　0570-05-1165

↓POINT

保険料の免除・猶予制度を利用した場合、免除・猶予された期間も受給資格期間（10年）に算入されます。将来年金が受け取れなくならないよう、しっかりと手続きしましょう。ただし、追納をしないと受給額は減額されます。

STEP 02

老後の安心のために、自分で「年金」を用意しよう

◁国民年金基金

フリーランスは収入が不安定になりがちです。会社員との大きな違いは一定の収入の保証がないことと、国民年金の受給額が少ないこと。そこで、これから受給できる年金額を増やす制度を紹介しますね。

「国民年金基金」は、フリーランスや、自営業の人（20～60歳）が国民年金に上乗せで年金をもらえるシステムです。公的な個人年金で、加入できるのは国民年金をきちんと納入している人に限られます（一般の保険会社が販売しているものは「個人年金保険」とよばれています）。

月にいくらくらい必要なんですか？

月額の掛金は、加入時の年齢や性別にもよりますよ。給付のタイプが複数あるから、自分で選べるのも国民年金基金のいいところ。20代だったらひと月7千円台からのプランもありますが。

そんなに余裕あるかなぁ……。老後に備えるのに、普通に貯金するんじゃダメなんですかね？

いやいや、終身年金で65歳から一生涯受け取れるから、合計すると毎月普通に貯金する金額より多くなる可能性が高いですよ。

あ、そうでしたね。つい、負担が大きいなと思っちゃうけど。

国民年金だと、仮に1万6千540円を480か月払うと、793万9千200円。65歳から毎月6万5千円受給されたとすると、122か月（10年と2か月）で元がとれることになりますね。何歳まで生きるかなんてわからないけど……**長生きすれば自分が払った以上にもらえる**ことになります。
それから、**国民年金基金の掛金全額は、社会保険料控除の対象**になるので、節税することができますよ！

頑張って払うことができれば、お得なんですね！

くわしくは、各都道府県の国民年金基金に問い合わせて資料を請求してみましょう。国民年金基金のウェブサイトでは「掛金」と「受給額」のシミュレーションもできますよ。

国民年金基金の申請のしかた

「加入申出書」を各都道府県の国民年金基金（あるいは委託会社）に提出する。登録が完了すると、加入員証が郵送されてくる。

国民年金基金の受給のしかた

年金受給がスタートする65歳になった月から、年金額に上乗せする形でもらえる。

＊給付のタイプには大きく2種類あり「A型」は65〜80歳までの15年間、毎月一定額が給付される（80歳までに死亡した場合、遺族が一時金を受け取れる）。「B型」は65歳から死ぬまで受給できる。1口目はA型かB型を選び、2口目からはさらに別の給付プランを組み合わせることができる。

◁ 付加年金

現時点で、そんなに掛金を払うのはキツイな〜っていう人にオススメなのが**「付加年金」**。これは**掛金のハードルが低い**ですよ。なんと**月額400円**です。

400円!? やすっ! そのくらいならぼくだって今すぐ払えますよ(笑)。

国民年金保険料に毎月400円プラスするだけで、**65歳からもらえる年金に、200円×60歳までに納めた月数分が、毎年付加されます。**たとえば、タバタくんが25歳から60歳までの35年間(420か月)、毎月400円の付加年金を納めたとすると、200円×420＝8万4千円が、年間の年金受給額にプラスされるわけです。**国民年金基金、付加年金はどちらか一方しか加入できないから注意**してくださいね。

申請のしかた

市区町村役場か年金事務所に年金手帳と印鑑を持参し、加入手続きをする。手続きが完了すると、納付書が郵送されてくる。

受給のしかた
65歳からの国民年金受給開始時に、年金額に上乗せする形でもらえる。

◁ iDeCo《イデコ》

老後資金を貯めるのに、お得な長期分散積立制度として最近注目されてるのは、国民年金基金連合会が実施している**「iDeCo（個人型確定拠出年金）」**です。**自分で毎月の掛金を設定して、定期預金、保険、投資信託のうちどれで運用するか自分で選びます。**投資信託なら期間中に運用利益が出て、元金以上にお金が増えることがあります。ただ、元本割れするリスクもあるんです。

うわー。じゃあ、定期預金が無難かなぁ。

どうかしらね。iDeCoは引かれる手数料がいろいろあるから、今の金利の低い定期預金を選ぶと運用利益が出なくて、積み立てた金額から手数料が引かれて減ってしまう可能性もあります。iDeCoの掛金は**「小規模企業共済等掛金控除」**として所得控除できるから、節税になってお得よ！　また、通常は定期や投資信託などの利息・

運用益から税金が引かれますが、iDeCo内の運用商品の場合はすべて非課税なんです。ただ、原則60歳になるまで積み立てた資金を引き出せないので注意！

iDeCoの始め方

①銀行や証券会社でiDeCo専用の口座を作る。
②定期預金、保険、投資信託の中から何に積み立てるかを決める。
③毎月の一定の掛金（5千円以上、千円単位）を設定し、積み立てる。掛金額は途中で変更したり支払いを停止することも可能。

iDeCoの受給のしかた

60歳以降（加入時期によって異なる）に給付を受ける。

◁障害年金

障害年金は、厚生年金、国民年金などの加入者を対象に支給される年金で、病気やケガで仕事や日常生活に支障が出た場合にもらえる年金制度です。身体の不自由だけで

なく、がんや糖尿病といった病気、うつ病などの精神疾患にも適用されます。

万が一今までどおり働けなくなった時に、生活の補助としてもらえるんだね。

そう、病気やケガで初めて医師の診療を受けた時に国民年金に加入していれば**「障害基礎年金」**、厚生年金に加入していた場合は**「障害厚生年金」**が請求できるの。つまり、もし自分が病気で働けなくなった時の備えとしても、年金は大切なのよ。

よくわかりました！

障害年金の申請のしかた

市区町村役場か年金事務所に、本人または家族が申請手続きをする。

障害年金の受給のしかた

医師の診断により障害認定を受けた時。医師の診断書などが必要となり、審査期間は3か月ほどかかる。

STEP 03

自分で退職金を積み立てて将来の安心を確保！

◁ 小規模企業共済

小規模企業共済は「フリーランスのための退職金」といえる制度です。運営しているのは国が全額出資している「独立行政法人中小企業基盤整備機構」です。毎月一定額の掛金を積み立て、あとで共済金を受けとることができます。確定申告の際には、全額が「小規模企業共済等掛金控除」の対象になります。
掛金は月額千円から7万円まで、500円刻みで自由に設定できますよ。

これはいつもらえるの？　年金とかといっしょですか？

小規模企業共済で受けとるお金は「共済金」といって、2種類のケースがあります。

・共済金A↓事業を廃業・引退した時。死亡した時。
・共済金B↓15年以上納めていて、65歳（以上）になった時。

共済金の金額は**基本共済金**（月額の掛金と納付月数に応じて規定される額）＋**不加共済金**（納付元が集まった資金を運用して増えたお金から算出される額。変動あり）で算出されます。**「老後の備え」という意味合いと、全額が控除の対象になるメリットに注目すべきですね。**

くわしくは、「中小企業基盤整備機構」のウェブサイトなどを参照ください。加入した場合のシミュレーションもできますよ。

ただ、法人化で解約するなど、**解約手当金**を受け取るケースでは、20年以上加入しないと元本割れします。

STEP 04

国民健康保険

◁社会の医療を支える大事な制度

国民健康保険は、だれもが安心して医療を受けることができるよう、みんなが医療費の負担を支え合う制度です。会社員からフリーランスになった人は、退社から14日以内に市区町村の窓口で「健康保険」から個人の「国民健康保険」への切り替えを行います。

国民健康保険に加入する際に必要なもの

①国民健康保険異動届（国保の加入届）
②健康保険資格喪失証明書（会社の健康保険を辞めた日がわかる書類。会社

からもらう）
③本人確認書類（マイナンバーカードや運転免許証、パスポートなど）
④本人のマイナンバー

病気になった時に保険証がなくて病院に行けないと困りますもんね……。

そう。国民健康保険に加入していれば、**病院にかかった時の医療費は3割負担になりますからね。7割は国の負担です。**

↓POINT

もし入院や手術などで医療費が高額になった場合は、**「高額療養費制度」**という制度もあります。自己負担金が月の限度額（年収に応じて変わります）を超えた分を、戻してもらえる制度です。

国民年金はだれでも一律同額だけど、国民健康保険料は前の年（1〜12月）の収入が基準になりますからね。収入が多かった年に、調子に乗ってムダづかいしないでね！

次の年も同じように収入があるとは限らないのがフリーランスですもんね。

その通り。確定申告を提出した後2か月後ぐらいに、決定した年間保険料の金額が通知されます。支払は6月から翌年3月まで計8回（自治体によって異なる場合も）。銀行やコンビニで振り込める納付書がついてくるけど、面倒な場合は口座振替にしても。

↓POINT

国民健康保険、国民年金などは年間の半分（前期・後期の年2回）、または1年分の全額をまとめて払うと若干安くなる「割引」があります。ただし、無理にまとめて払ってあとで苦しくなるケースもあるので要注意。

また、国民健康保険料の算出方法は自治体によって異なります。課税所得が同じであっても、地域によって国民健康保険料が変わるということも。

◁ 会社員時代の健康保険に加入する「任意継続」

退職して2年間までなら会社の時の「健康保険」を**「任意継続」**する制度があります

（離職から20日以内に申請）。

とはいえ、**会社員の時は「会社が半額を負担」してくれていましたが、自分で全額払わなければなりません。**ですが、それでも国民健康保険より安くなる場合もあるので、検討してみてくださいね。

へー！　どっちが得なんだろう。

どちらが得になるかの算出は難しいですね。全国健康保険協会か市区町村の窓口に相談するといいですよ。

◁同業者同士が支え合う「国民健康保険組合」

じつは、フリーランスには国民健康保険に加入する以外の選択肢もあるんです。**職能団体が運営する「国保組合（国民健康保険組合）」は同じ種類の業種の人があつまる保険組合で、業種別にいろいろな種類があります。**
保険料はそれぞれによって異なりますが、「前年の収入」を基準にするのではなく、定額にしているところも多いので、国民健康保険の額より安くなる場合もあります。

イラストレーターだったら、「文美国保（文芸美術国民健康保険組合）」という組合に該当します。
ここは保険料が一律で、前年の収入に関係なく月額1万9千900円（2020年度）。

それって、どうやって加入すればいいんですか？

加入資格は、文美国保の加盟団体の会員であること。
加盟団体に入るには会費がかかる場合もあるし、会員になるための審査もあるのでよく調べてみてね。

文美国保（文芸美術国民健康保険組合）の主な加盟団体

現代歌人協会／ジャパンデザインプロデューサーズ ユニオン／全日本書文化振興連盟／東京イラストレーターズ・ソサエティ／東京コピーライターズクラブ／日本アニメーション協会／日本アニメーター・演出協会／日本イラストレーション協会／日本インダストリアルデザイナー協会／日本インテリアコーディネーター協会／日本インテリアデザイナー協会／日本映画監督協会／日本映画テレビプロデューサー協会／日本映画ペンクラブ／日本演劇協会／（公社）日本グラフィックデザイナー協会／日本クラフトデザイン協会／日本ゲームシナリオライター協会／日本広告写真家協会／日本サインデザイン協会／日本作曲

家協議会／日本作詩家協会／日本作編曲家協会／日本児童出版美術家連盟／日本児童文学者協会／日本児童文芸家協会／日本シナリオ作家協会／日本写真家協会／日本写真館協会／日本写真作家協会／日本ジュエリーデザイナー協会／日本出版美術家連盟／日本商環境デザイン協会／日本商環境デザイン協会／日本推理作家協会／日本デザイン書道作家協会／日本図書設計家協会／日本ネットクリエイター協会／日本美術家連盟／日本漫画家協会／ＶＦＸ－ＪＡＰＡＮ／マンガジャパン／ミュージック・ペンクラブ・ジャパンなど68団体（文芸美術国民健康保険組合HPより2021年1月現在）

↓POINT

国保組合はそのほかにも芸能・音楽関係、地域に特化したものなどたくさんあります。**「全国国民健康保険組合協会」のウェブサイトに加入組合の一覧が掲載されていますので調べてみましょう。**

CHECK!

PART4 まとめ

個々に老後の備えを考えよう

フリーランスは国民年金だけでは老後が少し心配です。国民年金基金、付加年金、iDecoなどで、国民年金に上乗せを検討しましょう。これらはすべて掛金を控除できるので節税もできます！

「国民健康保険」は前年の所得から算出される

だれでも定額の国民年金と異なり、国民健康保険は前年の所得から算出されます。収入が多かった翌年は、それなりの額を払うことを忘れずに。

「国民健康保険」以外も検討の余地あり

「文美国保」などの「国民健康保険組合」に加入すると「国民健康保険」よりも保険料が安くなる場合もあります。ただし組合で「定額」をうたっていても、保険料が上がる可能性もあるので「国民健康保険」の保険料（前年の所得から算出）と比べて、賢く選択しましょう。

PART 5

確定申告をやってみよう

確定申告が始まるとテレビで税務署の窓口に並んでる人たちを見るよね
ぼくもあそこに並ぶようになるのか…
確定申告の受付は通常＊2月16日～3月15日です
でも申告書は郵送でもいいですしe-Taxというシステムでインターネット申告もできますよ
へー
そうなんだ
窓口に持っていけば受付印のある控えをすぐに受け取ることができます
提出窓口は自分の居住地に該当する税務署を国税庁のウェブサイトで調べてくださいね
ハーイ

＊休日にあたる場合は、これらの日の翌日となります。

フラフラ
先生〜〜
やっと経費の帳簿記入が終わりました
1年分いっぺんにやるのはキツイー！
おつかれさま
オカダさん確定申告の書類は持ってる？
えーと
たしかここに…
えーと
開業届けをすると確定申告の書類と書き方についてのガイドブックが家に届きますよ
もし届かない場合でも国税庁のウェブサイトからダウンロードもできますから安心してね
国税庁
確定申告はプリントアウトして記入してもいいしe-Taxを利用してもいいですよ

確定申告の種類

	白色申告	青色申告	
青色申告特別控除	なし	10万円	55万円 65万円
記帳方法	家計簿レベルの簡易簿記でOK	家計簿レベルの簡易簿記でOK	複式簿記という帳簿付けが義務

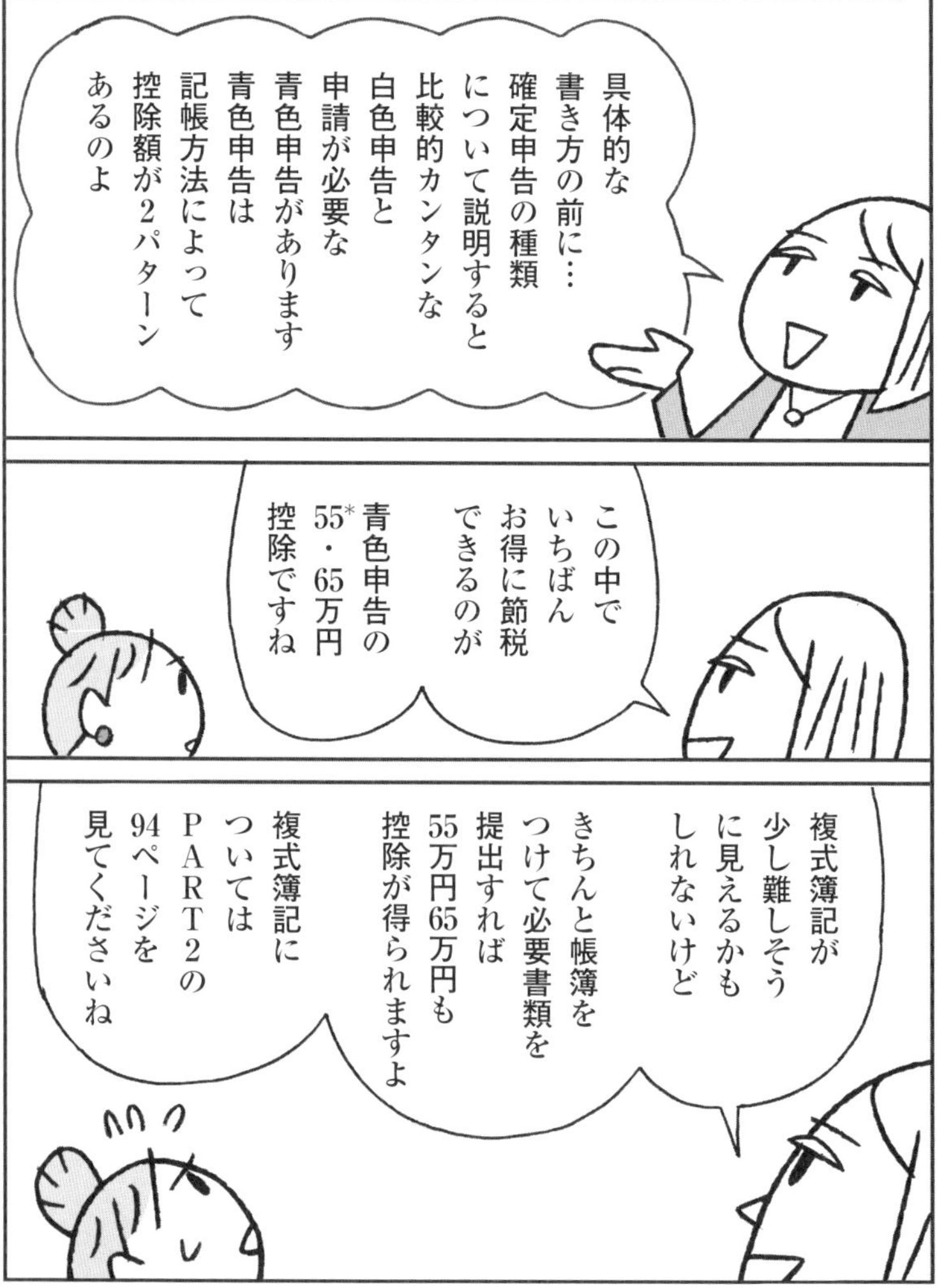
具体的な書き方の前に…確定申告の種類について説明すると比較的カンタンな白色申告と申請が必要な青色申告があります青色申告は記帳方法によって控除額が2パターンあるのよ
この中でいちばんお得に節税できるのが青色申告の55*・65万円控除ですね
複式簿記が少し難しそうに見えるかもしれないけどきちんと帳簿をつけて必要書類を提出すれば55万円65万円も控除が得られますよ
複式簿記についてはPART2の94ページを見てくださいね

＊65万円控除を受けるには更に条件があります。94ページ参照。

10万円控除の青色申告は白色申告と同じ程度の帳簿でいいんですよね？
じゃあ私も青色申告にしようかなー
ラクそうだし
青色申告は赤字になったら3年間損失を繰り越しできますし…
青色申告をしたい年の3月15日までに「青色申告承認申請書」を提出すること！
この書類も国税庁のウェブサイトでダウンロードできます
ちなみに青色申告の申請をした後でも「やっぱり白でいい」という場合は青色申告を取りやめることもできます。
よかった！
じゃあ来年はひとまず青色申告の申請をしてみようかな

青色申告には
10万円と55万円65万円の
控除以外にも
メリットがあります！

青色専従者給与

家族（生計を１つにする者）に給料を払って経費にすることができる
＊青色事業専従者給与の届出を税務署に提出すること

少額減価償却資産の特例

10万円以上30万円未満のものを一括で経費にできる
＊白色の場合は、減価償却しなければならない

純損失の繰越控除

１年の利益が赤字になった場合、赤字の額を翌年以降３年間繰越できる
＊白色申告なら「所得税０円」になるが、青色申告は赤字金額を翌年控除できる

これいいね！
自分の稼ぎに自信ないの？

さて 確定申告で 提出する書類は 大きく分けて 2種類あるよ
白色申告の 場合は 確定申告書と 収支内訳書
確定申告書
収支内訳書
確定申告書には 総収入金額や課税所得 控除などの金額を 記入し自分の所得税を 計算します
確定申告書
うん うん
収支内訳書には 売上や経費の くわしい情報を 記入します
社別の支払いとか 水道光熱費とか 科目別の 経費の合計など
収支内訳書
はい

そして青色申告の場合に提出するものは確定申告書と青色申告決算書
確定申告書
青色申告決算書
この青色申告決算書でもっともポイントになるのが損益計算書と貸借対照表ですね
ななんすかそれー！
損益計算書は1年間の売上の内訳や経費を記入するもので12月末時点での収支の状況を報告する書類よ白色の収支内訳書と考え方は同じね
ムズい…
手間に感じるかもしれないのが青色申告で55万円65万円特別控除を受ける時に必須の貸借対照表ね
複式簿記で作成が必要なんだけど…でもこれも会計ソフトがあれば大丈夫
ホントですか!?

貸借対照表についてあまり理解できていなくてもソフトに自動作成してもらえばいいですよ！

それ・ほしい！

そんなに便利なら会計ソフト買ってみようかな！

私も！

今年から会計ソフトで帳簿つけて来年の確定申告に備えるってのもいいわね！

利用者が多いのはやよいの会計ソフトだけど…タバタくんはMac派？

はいそうですけど
それならやよいのオンライン版がMacに対応してますよ他にもMac対応の会計ソフトがいろいろあるからよさそうなのを探してくださいね
エライ！

来年は青色55万円65万円控除に挑戦しようかなって気になってきちゃった！

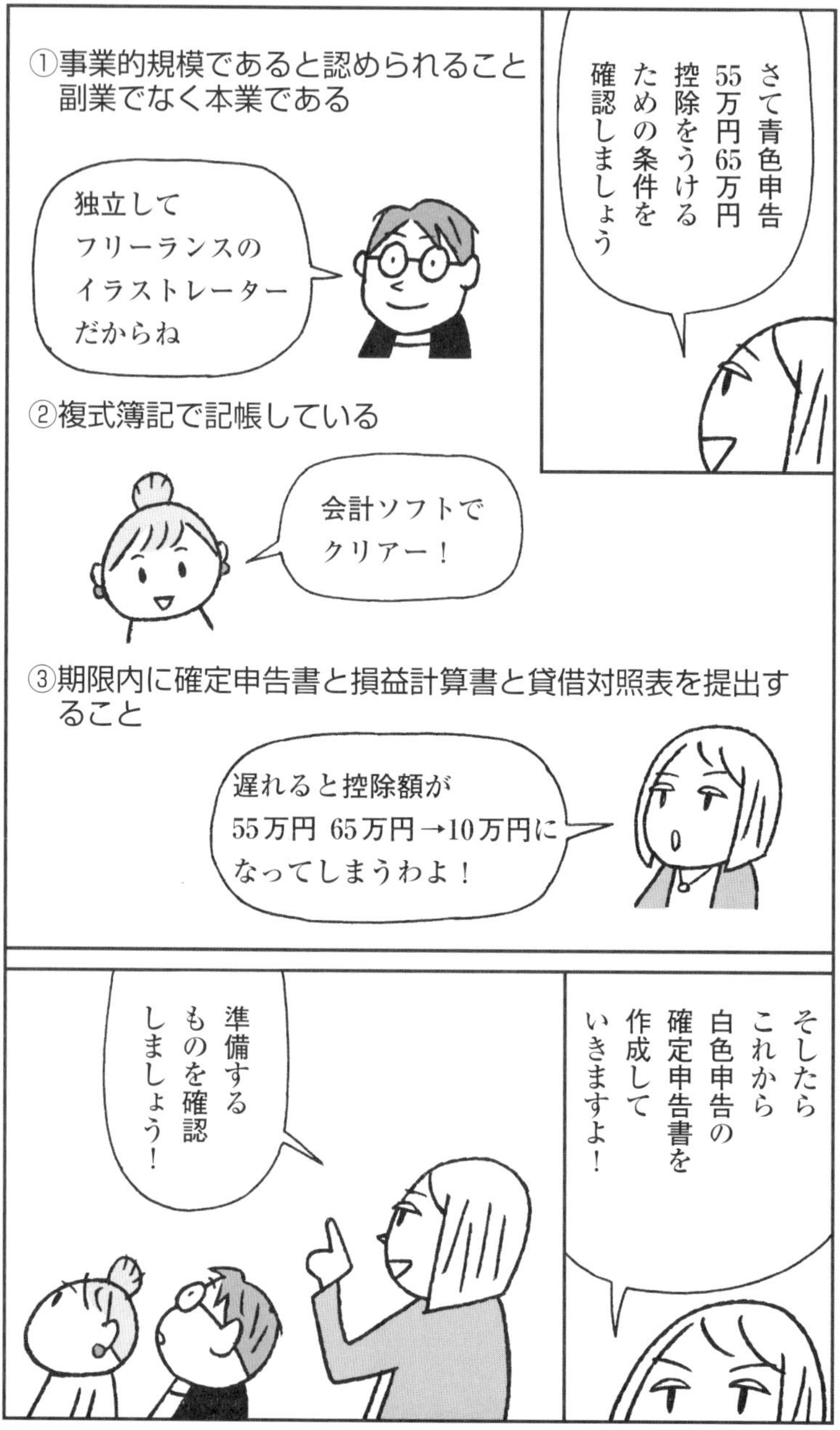
さて青色申告
55万円65万円
控除をうける
ための条件を
確認しましょう
①事業的規模であると認められること
副業でなく本業である
独立して
フリーランスの
イラストレーター
だからね
②複式簿記で記帳している
会計ソフトで
クリアー！
③期限内に確定申告書と損益計算書と貸借対照表を提出すること
遅れると控除額が
55万円 65万円→10万円に
なってしまうわよ！
そしたら
これから
白色申告の
確定申告書を
作成して
いきますよ！
準備する
ものを確認
しましょう！

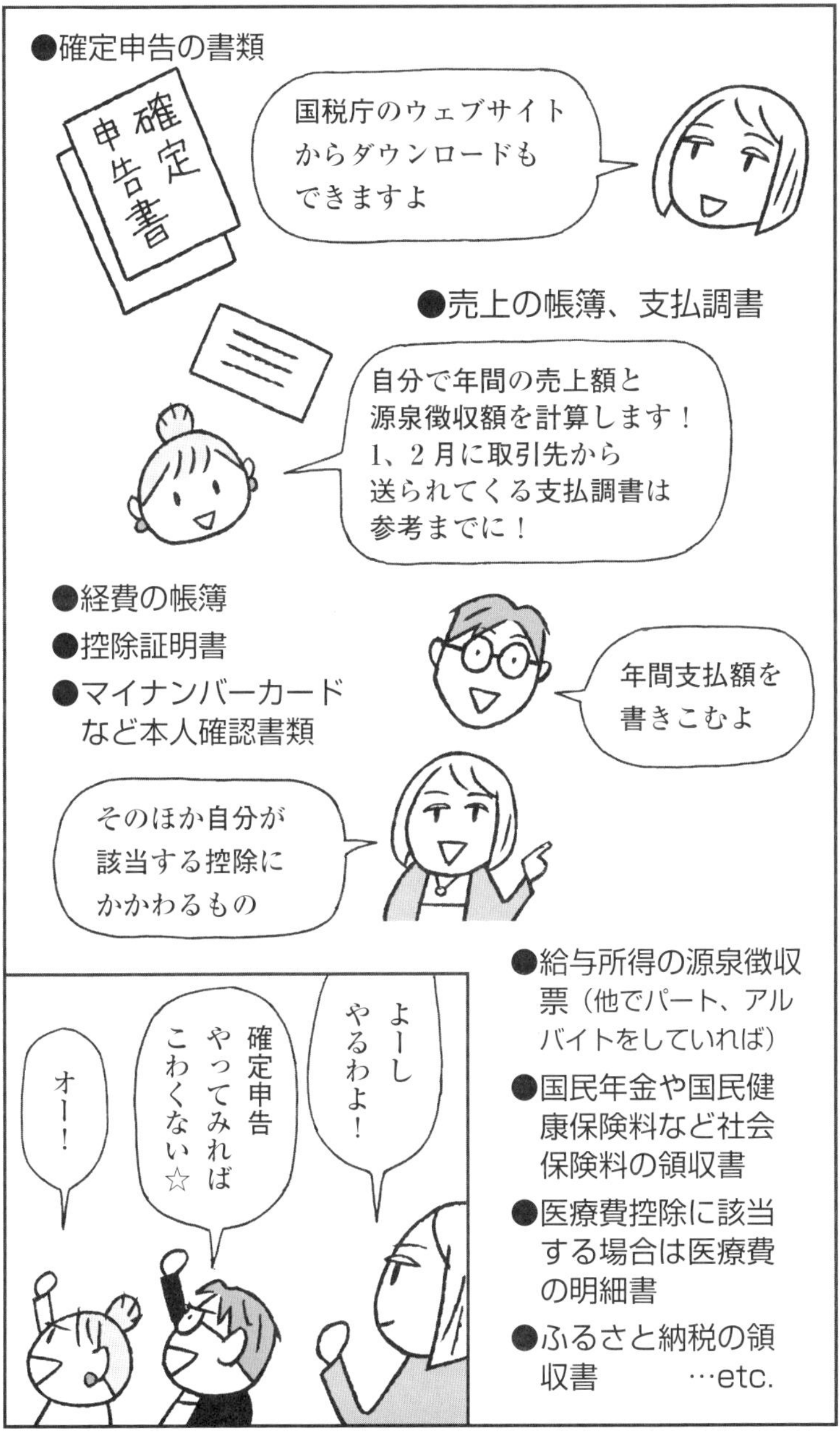
●確定申告の書類
確定申告書
国税庁のウェブサイトからダウンロードもできますよ
●売上の帳簿、支払調書
自分で年間の売上額と源泉徴収額を計算します！1、2月に取引先から送られてくる支払調書は参考までに！
●経費の帳簿
●控除証明書
●マイナンバーカードなど本人確認書類
年間支払額を書きこむよ
そのほか自分が該当する控除にかかわるもの
●給与所得の源泉徴収票（他でパート、アルバイトをしていれば）
●国民年金や国民健康保険料など社会保険料の領収書
●医療費控除に該当する場合は医療費の明細書
●ふるさと納税の領収書　…etc.
よーし やるわよ！
確定申告 やってみれば こわくない☆
オー！

STEP 01

まずは売上（収入）金額を計算しよう

◁ 請求書を集めて、年間の売上金額を計算

では、1〜12月分の売上金額を集計しましょう。集計する時は、自分が提出した請求書を使いますよ。

取引先から届いた支払調書は使わないんですか？

*支払調書の作成ルールは会社によって違ったりするから、これで集計すると不正確になってしまうんです。振り込まれる時に10・21％の源泉徴収（所得税の天引き）をされていることもあるから、請求額と通帳への入金額との差額も確認してくださいね。

けっこう面倒だなぁ。請求書を送らずに、振り込まれる場合もあるんですけど。

＊支払調書は税込みか税抜きか、支払済みか未払いかなど、各社の基準がバラバラです。

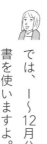

そういう会社もありますね。一番確実なのは、発生した仕事を記入するノートを作っておくこと。取引先（社名・所在地）ごとにページを分けると集計しやすいです。売上額（請求した額）、振り込まれた金額、源泉徴収された金額を記入しておきましょう。振り込まれた金額が、源泉徴収されているかわからない場合は、取引先に問い合わせて確認してくださいね。

12月に請求書を送ると、入金は翌年になることが多いんですけど……。

まだ入金がなかったり、請求書を発行していなかったとしても、12月末の時点で役務提供が終了していれば、今年分の売上として計上します。

↓POINT

年間の売上を計算するには、取引先ごとに、依頼を受けた仕事をノートなどに記入して、集計する方法がオススメです。

取引先によっては「この金額で請求書を出してください」と言われないまま、報酬が振り込まれることもあります。売上（報酬の総額）、源泉徴収（所得税の天引き）された額といった内訳がわからない場合は、取引先に確認しましょう。

◁ 海外から依頼を受けた売上はどう処理する？

海外から仕事を依頼されるイラストレーターもいるみたいなんですが、その場合はどう計算すればいいんですか？

商売の相手先が広がるのはとてもいいことね！　海外の依頼主から入金される時も「源泉徴収」されますが、これは日本の所得税ではなく「現地の税金」です。さらに日本の税金も課税されるため、うっかりすると二重に課税されてしまうおそれもあります。**これを避けるための制度が「外国税額控除」。**確定申告の際に、一定額を所得税の額から差し引くことができる制度です。くわしくは国税庁のウェブサイトで調べてみてくださいね。

STEP 02

確定申告、実践編！（白色申告）

◁ 収支内訳書を書こう

さぁ、いよいよ確定申告の書類を書いていきます！　説明していくので**「収支内訳書」**の図を見ながら聞いてくださいね。

はーい！

まず、住所・氏名・事業所所在地（自宅の住所と同じ場合は**同上**でＯＫ）、電話番号、業種名を書きます。

①に売上（収入）金額の全額を、④と⑩にも同じ金額を記入。そして、ここから**必要経費**を記入していきます。

⑬に（あれば）減価償却費を記入。

⑮に地代家賃。自宅が仕事場の人は家事按分した金額（1年分）を記入しましょう。

㋩の水道光熱費も、地代家賃と同じように按分してくださいね。

㋥〜㋸に、科目ごとの合計額を記入します。使っていないところは何も書かなくてOKです。

㋾〜㋟は科目が空欄になっているので、自分なりに立てた科目を書き入れましょう。

⑰に㋑〜㋹の合計金額を記入。

⑱に⑪〜⑯の合計金額に⑰を足した数値を記入。これがすべての**経費**の合計です！

⑲に**⑩売上ー⑱経費**の金額を記入。

㉑に、⑲の金額を記入。これが**所得金額**です。ですが、まだここから**控除**をマイナスできます！

ほかにもマスがいっぱいありますが、ここさえ埋めておけばOKです。

◁ 収支内訳書（裏面）を書こう

次は、収支内訳書の裏面です。さあ、説明していきますね！

収支内訳書（表）

FA7000

令和 0□ 年分収支内訳書（一般用）

（あなたの本年分の事業所得の金額の計算内容をこの表に記載して確定申告書に添付してください。）

提出用

（令和二年分以降用）

この収支内訳書は機械で読み取りますので、**黒のボールペンで**書いてください。

住所		氏《フリガナ》名	㊞	依頼税理士等 事務所所在地	
事業所所在地		電話番号	（自宅）（事業所）	氏名（名称）	
業種名	屋号	加入団体名		電話番号	

令和　年　月　日

（自　月　日　至　月　日）

整理番号

科目		金額（円）	科目		金額（円）
収入金額 売上（収入）金額	①		経費 その他の経費 旅費交通費	㊁	
家事消費	②		通信費	㋭	
その他の収入	③		広告宣伝費	㋬	
計（①＋②＋③）	④		接待交際費	㋣	
売上原価 期首商品（製品）棚卸高	⑤		損害保険料	㋠	
仕入金額（製品製造原価）	⑥		修繕費	㋷	
小計（⑤＋⑥）	⑦		消耗品費	㋸	
期末商品（製品）棚卸高	⑧		福利厚生費	㋹	
差引原価（⑦－⑧）	⑨			㋾	
差引金額（④－⑨）	⑩			㋻	
経費 給料賃金	⑪			㋕	
外注工賃	⑫			㋵	
減価償却費	⑬			㋟	
貸倒金	⑭		雑費	㋹	
地代家賃	⑮		小計（㋭～㋹までの計）	⑰	
利子割引料	⑯		経費計（⑪～⑯までの計＋⑰）	⑱	
その他の経費 租税公課	㋑		専従者控除前の所得金額（⑩－⑱）	⑲	
荷造運賃	㋺		専従者控除	⑳	
水道光熱費	㋩		所得金額（⑲－⑳）	㉑	

○給料賃金の内訳

氏名（年齢）	従事月数	給料賃金	賞与	合計	所得税及び復興特別所得税の源泉徴収税額
（　歳）	月	円		円	円
（　歳）					
（　歳）					
その他（　人分）					
計 延べ従事月数				⑪	

○税理士・弁護士等の報酬・料金の内訳

支払先の住所・氏名	本年中の報酬等の金額	左のうち必要経費算入額	所得税及び復興特別所得税の源泉徴収税額
	円	円	円

○事業専従者の氏名等

氏名（年齢）	続柄	従事月数
（　歳）		月
（　歳）		
（　歳）		
	延べ従事月数	

【税務署整理欄】

㉑	
㉒	
㉓	
㉔	
㉕	
㉙	

売上（収入）金額の明細

売上先名（取引先の会社名）、所在地（会社の住所）、売上（収入）金額を記入します。取引先が多い場合は、金額の多いほうから4社書き、それ以外は「上記以外の売上先の計」にまとめましょう。

減価償却費の計算

固定資産がある場合のみ記入します。減価償却が終わっても資産がある限り、毎年記入することになります。

地代家賃の内訳

支払先の住所・氏名（不動産屋、あるいは大家）、賃貸物件（マンション、アパートなど）、本年中の賃借料・権利金等（「権更」には更新料、「賃」には1年分の家賃）、左の賃借料のうち必要経費算入額（家事按分した金額。仕事専用の事務所がある場合は全額）を記入しましょう。

収支内訳書（裏）

FA7050

整理番号

（令和二年分以降用）

○売上（収入）金額の明細

売上先名	所在地	売上（収入）金額
		円
上記以外の売上先の計		
右記①のうち軽減税率対象	うち　　円	計 ①

○仕入金額の明細

仕入先名	所在地	仕入金額
		円
上記以外の仕入先の計		
右記⑥のうち軽減税率対象	うち　　円	計 ⑥

○減価償却費の計算

減価償却資産の名称等（繰延資産を含む）	面積又は数量	取得年月	㋑取得価額（償却保証額）	㋺償却の基礎になる金額	償却方法	耐用年数	㋩償却率又は改定償却率	㋥本年中の償却期間	㋭本年分の普通償却費（㋺×㋩×㋥）	㋬特別償却費	㋣本年分の償却費合計（㋭＋㋬）	㋠事業専用割合	㋷本年分の必要経費算入額（㋣×㋠）	㋦未償却残高（期末残高）	摘要
		年　月 ・	円 （　　）	円		年		月 12	円	円	円	%	円	円	
		・	（　　）					12							
		・	（　　）					12							
		・	（　　）					12							
		・	（　　）					12							
		・	（　　）					12							
計													⑬		

（注）平成19年4月1日以後に取得した減価償却資産について定率法を採用する場合にのみ㋑欄のカッコ内に償却保証額を記入します。

○地代家賃の内訳

支払先の住所・氏名	賃借物件	本年中の賃借料・権利金等	左の賃借料のうち必要経費算入額
		権更　　円 賃	円
		権更 賃	

○利子割引料の内訳（金融機関を除く）

支払先の住所・氏名	期末現在の借入金等の金額	本年中の利子割引料	左のうち必要経費算入額
	円	円	円

◎本年中における特殊事情

仕入金額の明細

商品を作るための材料を買っている人や、商品を仕入れて販売している人が記入します。

◁ 確定申告書を書こう《第一表》

はあ〜。「収支内訳書」を書いたら、ひと仕事終わった感じがします！

お疲れ様！　でもまだ続きますよ。次は**「確定申告書Ｂ」**を出してください。これは白色も青色も共通です。第一表と第二表があります。

うわー、マスがめっちゃ多い！

でも、正直そんなに記入するところは多くないですよ。最初に住所や氏名、個人番号などの項目を書いていきます。氏名の横の欄の印鑑も忘れずに！　説明は第一表から行いますが、作成・記入は第二表を作り、合計額をもとに第一表に計算・記入してくイメージです。

確定申告書　第一表

FA2200

＿＿＿＿＿税務署長
令和＿＿年＿＿月＿＿日

令和 0 年分の 所得税及び復興特別所得税 の　申告書B

第一表（令和二年分以降用）

住所（又は事業所 事務所 居所など）	〒	個人番号	生年月日
		フリガナ	
		氏名	印
令和 年 1月1日の住所		職業 / 屋号・雅号 / 世帯主の氏名 / 世帯主との続柄	

（単位は円）　種類　青色　分離　国出　損失　修正　特農の表示　特農　整理番号　電話番号　自宅・勤務先・携帯　ー　ー

受付印

区分	項目		記号	金額
収入金額等	事業	営業等	㋐	
		農業	㋑	
	不動産		㋒	
	利子		㋓	
	配当		㋔	
	給与	区分	㋕	
	雑	公的年金等	㋖	
		業務 区分	㋗	
		その他	㋘	
	総合譲渡	短期	㋙	
		長期	㋚	
	一時		㋛	
所得金額等	事業	営業等	①	
		農業	②	
	不動産		③	
	利子		④	
	配当		⑤	
	給与 区分		⑥	
	雑	公的年金等	⑦	
		業務	⑧	
		その他	⑨	
		⑦から⑨までの計	⑩	
	総合譲渡・一時 ㋙＋{(㋚＋㋛)×½}		⑪	
	合計（①から⑥までの計＋⑩＋⑪）		⑫	
所得から差し引かれる金額	社会保険料控除		⑬	
	小規模企業共済等掛金控除		⑭	
	生命保険料控除		⑮	
	地震保険料控除		⑯	
	寡婦、ひとり親控除 区分		⑰〜⑱	0000
	勤労学生、障害者控除		⑲〜⑳	0000
	配偶者（特別）控除 区分1 区分2		㉑〜㉒	0000
	扶養控除 区分		㉓	0000
	基礎控除		㉔	0000
	⑬から㉔までの計		㉕	
	雑損控除		㉖	
	医療費控除 区分		㉗	
	寄附金控除		㉘	
	合計（㉕＋㉖＋㉗＋㉘）		㉙	

区分	項目		記号	金額
税金の計算	課税される所得金額（⑫－㉙）又は第三表		㉚	000
	上の㉚に対する税額 又は第三表の㊾		㉛	
	配当控除		㉜	
	区分		㉝	
	（特定増改築等）住宅借入金等特別控除 区分1 区分2		㉞	00
	政党等寄附金等特別控除		㉟〜㊲	
	住宅耐震改修特別控除等 区分		㊳〜㊵	
	差引所得税額（㉛－㉜－㉝－㉞－㉟－㊱－㊲－㊳－㊴－㊵）		㊶	
	災害減免額		㊷	
	再差引所得税額（基準所得税額）（㊶－㊷）		㊸	
	復興特別所得税額（㊸×2.1%）		㊹	
	所得税及び復興特別所得税の額（㊸＋㊹）		㊺	
	外国税額控除等 区分		㊻〜㊼	
	源泉徴収税額		㊽	
	申告納税額（㊺－㊻－㊼－㊽）		㊾	
	予定納税額（第1期分・第2期分）		㊿	
	第3期分の税額（㊾－㊿）	納める税金	51	00
		還付される税金	52	△
その他	公的年金等以外の合計所得金額		53	
	配偶者の合計所得金額		54	
	専従者給与（控除）額の合計額		55	
	青色申告特別控除額		56	
	雑所得・一時所得等の源泉徴収税額の合計額		57	
	未納付の源泉徴収税額		58	
	本年分で差し引く繰越損失額		59	
	平均課税対象金額		60	
	変動・臨時所得金額 区分		61	
延届納の出	申告期限までに納付する金額		62	00
	延納届出額		63	000

㊹・㊺・㊾・51又は52の記入をお忘れなく。

還付される税金の受取場所	銀行 金庫・組合 農協・漁協		本店・支店 出張所 本所・支所
	郵便局名等	預金種類	普通 当座 納税準備 貯蓄
	口座番号 記号番号		

整理欄	区分	A B C D E F G H I J K
	異動	年 月 日 L
	管理	名簿
	補完	確認

税理士署名押印 電話番号　ー　ー　印

税理士法書面提出 30条 33条の2

納 管 / 事 業 / 住 民 / 資 産 / 総 合 / 分 離 / 検 算 / 通信日付印 / 年月日 / 一連番号

収入金額等

一番上の㋐（事業　営業等）の欄に、売上金額を記入します（収支内訳書の①と同じ）。他にもあれば記入していきます。

所得金額等

一番上の①（事業　営業等）の欄に、**売上から経費を引いた後（売上ー経費）**の金額を記入します（収支内訳書の㉑と同じ）。

次に**所得から差し引かれる金額**エリアに注目です。社会保険控除、小規模共済等掛金控除、生命保険料控除……という欄があるところ。

あ、ここは**控除**コーナーなんですね。

そう。**所得控除は自己申告制**ですからね。記入するのを忘れると損しちゃうんです。「これなんだっけ？」って思ったらPART3を読み返してね。

う〜ん、結局自分に当てはまる控除ってなさそうだけど。

ちょっと待った！　一番上の⑬の**社会保険料控除**があるじゃない。

そうだ、これって……私の場合、国民年金と国民健康保険料のことですよね。

そう。その2つを合計した金額を⑬に記入するんですよ。

それから㉔の基礎控除……これが噂のありがたい控除ですね！

所得から差し引かれる金額

㉕に**⑬から㉔までの合計金額**を記入。

さらに㉖雑損控除、㉗医療費控除、㉘寄附金全控除がある人は各欄に記入しましょう。

㉙に**㉕＋㉖㉗㉘の合計金額**を記入。これが控除額の合計になります。

税金の計算

㉚に**⑫所得の合計ー㉙控除の合計**の金額を記入します。売上から経費と控除をマイナスしたこの金額が**課税所得**になります。税率をかける前は千円未満切捨てというルールがあるので、あらかじめゼロが3つ記入してありますよ。

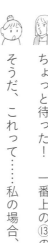

㉛に、**㉚の課税所得**に対する税額を**税率の速算表**に従って計算し記入します。所得税については24ページを読んで思いだしてくださいね。

㊶㊸㊹㊺を各欄の指示にしたがって記入します。㊺があなたの**所得税額**です。

㊽には**源泉徴収税額**合計を記入。

㊾に記入するのは**㊺の払うべき所得税額**から**㊻〜㊼外国税額控除（あれば）㊽源泉徴収税額（前払いした税額）**を引いた額です。この金額がマイナスになったら**現時点で多く所得税を払っている**ということになり、**52の還付される税金**として記入します。

その時は還付される税金を受けとる銀行、口座番号なども忘れずに記入しましょう。

◁ 確定申告書を書こう《第二表》

ここまでくればもう一息！《第二表》は記入する箇所が少ない人がほとんどかもしれませんが、どんどん説明していきますよ！

確定申告書　第二表

整理番号　　　FA2300

令和 [0] 年分の所得税及び復興特別所得税の確定申告書B

○この申告書は、二枚目が控用（複写式）となっています。

住所
屋号
フリ《フリ》氏《ガナ》名

○ 所得の内訳（所得税及び復興特別所得税の源泉徴収税額）

所得の種類	種目	給与などの支払者の名称・所在地等	収入金額	源泉徴収税額
			円	円
		㊽ 源泉徴収税額の合計額		円

○ 総合課税の譲渡所得、一時所得に関する事項（⑪）

所得の種類	収入金額	必要経費等	差引金額
譲渡（短期）	円	円	円
譲渡（長期）			
一時			

○ 特例適用条文等

○ 保険料控除等に関する事項（⑬～⑯）

	保険料等の種類	支払保険料等の計	うち年末調整等以外
⑬社会保険料控除		円	円
⑭小規模企業共済等掛金控除		円	円
⑮生命保険料控除	新生命保険料	円	円
	旧生命保険料		
	新個人年金保険料		
	旧個人年金保険料		
	介護医療保険料		
⑯地震保険料控除	地震保険料	円	円
	旧長期損害保険料		

○ 本人に関する事項（⑰～⑳）

寡婦	ひとり親	勤労学生	障害者	特別障害者
□死別　□生死不明 □離婚　□未帰還		□ 年調以外かつ専修学校等		

○ 雑損控除に関する事項（㉖）

損害の原因	損害年月日	損害を受けた資産の種類など
	． ．	

損害金額	円	保険金などで補塡される金額	円	差引損失額のうち災害関連支出の金額	円

○ 寄附金控除に関する事項（㉘）

寄附先の名称等		寄附金	円

第二表（令和二年分以降用）○第二表は、第一表と一緒に提出してください。○国民年金保険料や生命保険料の支払証明書など申告書に添付しなければならない書類は添付書類台紙などに貼ってください。

○ 配偶者や親族に関する事項（⑳～㉓）

氏名	個人番号	続柄	生年月日	障害者		国外居住		住民税		その他
		配偶者	明・大 昭・平 ． ．	障	特障	国外	年調	同一	別居	調整
			明・大 昭・平・令 ． ．	障	特障	国外	年調	16	別居	調整
			明・大 昭・平・令 ． ．	障	特障	国外	年調	16	別居	調整
			明・大 昭・平・令 ． ．	障	特障	国外	年調	16	別居	調整
			明・大 昭・平・令 ． ．	障	特障	国外	年調	16	別居	調整
			明・大 昭・平・令 ． ．	障	特障	国外	年調	16	別居	調整

○ 事業専従者に関する事項（㊺）

事業専従者の氏名	個人番号	続柄	生年月日	従事月数・程度・仕事の内容	専従者給与（控除）額
			明・大 昭・平 ． ．		円
			明・大 昭・平 ． ．		

○ 住民税・事業税に関する事項

住民税	非上場株式の少額配当等を含む配当所得の金額	非居住者	配当割額控除額	株式等譲渡所得割額控除額	給与、公的年金等以外の所得に係る住民税の徴収方法 特別徴収	自分で納付	都道府県、市区町村への寄附（特例控除対象）	共同募金、日赤その他の寄附	都道府県条例指定寄附	市区町村条例指定寄附
	円	円	円	円			円	円	円	円

事業税				
非課税所得など　番号　所得金額 円	損益通算の特例適用前の不動産所得	円	前年中の開（廃）業	開始・廃止　月日
不動産所得から差し引いた青色申告特別控除額	事業用資産の譲渡損失など		他都道府県の事務所等	

上記の配偶者・親族・事業専従者のうち別居の者の氏名・住所	氏名	住所	所得税で控除対象配偶者などとした専従者	氏名	給与 円	一連番号

所得の内訳（所得税及び復興特別所得税の源泉徴収額）

取引先から源泉徴収されていれば記入します。**所得の種類**には**事業**と記入。**種目**には**原稿料、さし絵料などの所得の種類を、給与などの支払者の名称・所在地等に売上先名（取引先の会社名）**を記入します。

収入金額の欄は年間の**売上（収入）金額**を記入。

源泉徴収税額の欄に年間の**源泉徴収額**を記入します。

取引先が多い場合、金額の多いほうから4社書き、合計額を記入。それ以外は別紙に記入します（185ページ参照）。

㊽に、**源泉徴収税額の合計額**を記入します。これが第一表の㊽と一致します。

保険料控除等に関する事項

⑬**社会保険料控除**に記入します。**保険料等の種類**は国民健康保険、国民年金などを書くことになります。**支払保険料等の計**には年間に支払った金額、合計額を記入しましょう。

⑭～㉘までの控除に該当する人は、忘れずに必要項目を記入しましょう。

◁確定申告書を書こう《所得の内訳書》

ここまできたら、記入するのはあと少しですよ！　取引先の会社の数が多く、**収支内訳書**裏面の**売上（収入）金額の明細**、また**確定申告書第二表**の**所得の内訳**にすべての取引先を書けなかった場合は、**所得の内訳書**に記入します。自分で発行した請求書や集計したものを準備して、間違いのないように書きましょう。

所得の内訳書

所得の種類は事業と記入します。

種目は原稿料、印税などと書きましょう。

所得の内訳書

所得の内訳書（書き方については、控用の内訳書の裏面を読んでください。）

住所＿＿＿＿＿＿＿＿

氏名＿＿＿＿＿＿＿＿

（平成／令和　年分）

提出用

所得の種類	種目	所得の生ずる場所又は給与などの支払者の住所・所在地、氏名・名称、電話番号	所得の基因となる資産の数量	収入金額（源泉徴収税額を差し引かれる前の収入金額）	源泉徴収税額	支払確定年月又は支払を受けた年月
		（電話）		円	内　円	年　月
		（電話）				
		（電話）				
		（電話）				
		（電話）				

国民年金保険料や生命保険料の支払証明書など申告書

所得の生ずる場所又は給与などの支払者の住所・所在地、氏名・名称、電話番号は取引先の会社（あるいは個人）の名称などを書きます。

収入金額は年間の売上金額を記入します。

源泉徴収税額は年間の源泉徴収された金額です。

このほかの欄は記入しないでＯＫですよ。

それにしても、源泉徴収税額ってどうしてこんな半端な額なんですかね？

源泉徴収額は復興特別所得税が含まれて、10・21％で計算されるからです。端数が多くなるんですよね。

◁ 添付書類を用意しよう

これで書類の記入はおしまいです。あとは添付書類を台紙に貼るだけですよ。まず、必須なのは「本人確認書類」ですね。

この台紙、裏面もありますけど……。

裏面には、当てはまる所得控除の内容を証明する書類を貼ります。

医療費控除を受ける人は「医療費控除の明細書」も忘れずに。

インターネットを利用して「e-Tax」で確定申告をする場合は、PDFなど国税庁が認めた形式のみ添付書類を送ることができます。事前に「e-Tax」のウェブサイトで確認しましょう。

添付書類台紙

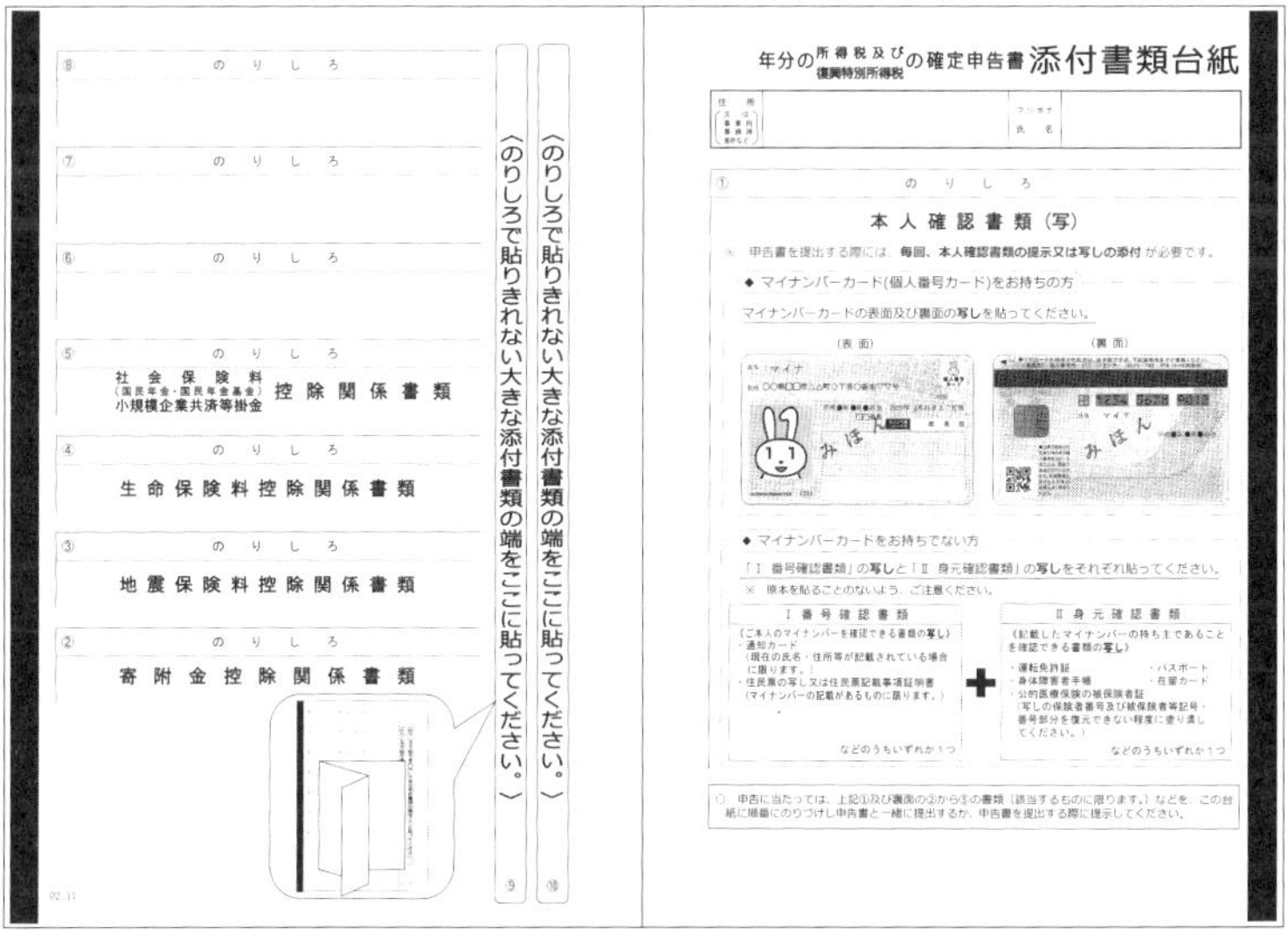

⑧ のりしろ

⑦ のりしろ

⑥ のりしろ

⑤ のりしろ
社会保険料（国民年金・国民年金基金）小規模企業共済等掛金 控除関係書類

④ のりしろ
生命保険料控除関係書類

③ のりしろ
地震保険料控除関係書類

② のりしろ
寄附金控除関係書類

〈のりしろで貼りきれない大きな添付書類の端をここに貼ってください。〉 ⑩

〈のりしろで貼りきれない大きな添付書類の端をここに貼ってください。〉 ⑨

年分の所得税及び復興特別所得税の確定申告書 添付書類台紙

住所（又は事業所 事務所 居所など） フリガナ 氏名

① のりしろ

本人確認書類（写）

※ 申告書を提出する際には、毎回、本人確認書類の提示又は写しの添付が必要です。

◆ マイナンバーカード(個人番号カード)をお持ちの方

マイナンバーカードの表面及び裏面の写しを貼ってください。

（表面） （裏面）

◆ マイナンバーカードをお持ちでない方

「Ⅰ 番号確認書類」の写しと「Ⅱ 身元確認書類」の写しをそれぞれ貼ってください。

※ 原本を貼ることのないよう、ご注意ください。

Ⅰ 番号確認書類
（ご本人のマイナンバーを確認できる書類の写し）
・通知カード
（現在の氏名・住所等が記載されている場合に限ります。）
・住民票の写し又は住民票記載事項証明書
（マイナンバーの記載があるものに限ります。）
などのうちいずれか1つ

＋

Ⅱ 身元確認書類
（記載したマイナンバーの持ち主であることを確認できる書類の写し）
・運転免許証 ・パスポート
・身体障害者手帳 ・在留カード
・公的医療保険の被保険者証
（写しの保険者番号及び被保険者等記号・番号部分を復元できない程度に塗り潰してください。）
などのうちいずれか1つ

○ 申告に当たっては、上記①及び裏面の②から⑤の書類（該当するものに限ります。）などを、この台紙に順番にのりづけし申告書と一緒に提出するか、申告書を提出する際に提示してください。

〈裏〉　〈表〉

STEP 03

確定申告書を提出しよう！

◁ 受付期間は2月16日〜3月15日

確定申告の受付期間は通常、2月16日〜3月15日（提出期限が土・日曜日・祝日等に当たる場合は、これらの日の翌日が期限となります）。 提出には次の3つの方法があります。**①住所管轄する税務署に直接持っていく ②郵便で送る ③インターネット（e-Tax）**で提出する、です。

結局どの提出方法がいいのかな？

収入証明など確定申告書の控えや納税証明書が欲しい時は、税務署に持参するのが確実ですね。ただし締切前は混むから、早めに行ったほうがいいですよ。郵送やインターネットが楽ですね。

郵送の時は、控えを返送してもらうための返信用封筒を同封して、簡易書留で提出しましょう。簡易書留であれば、発信日で受け付けてくれるので確実に申告期限内に提出できます。期限を過ぎてしまうと、55万円65万円の青色申告特別控除が受けられなくなりますよ。

手書きで申告書類を作成する場合は、必ず書類のコピーを取っておきましょうね。

還付の方は、確定申告書を提出した後に、約1か月ほどで「国税還付金振込通知書」が届きます。

確定申告書を提出した後に、間違いに気がついたら、申告期限内であれば**「訂正申告」**といって出し直すことも可能です。でも還付手続きが始まっているかもしれないので、提出先税務署に問い合わせください。確定申告期限後の税額の変更は、増額・減額とも手間がかかります。最初の申告って重要なんですよ！

何年か経った後に「控えの確定申告書がない！」ということもあるでしょう。でも、自分で作って提出したものでも、一度税務署に出したものは「公文書」扱いになるので、簡単には見せてもらえません。そんな時は、**個人情報の開示請求**を行います。

その前に、ご自分の確定申告書の控えは重要書類として、しっかり保管してくださいね。

懸賞やギャンブルで もうけたお金はどうなるの？

たとえばクイズ番組の賞金、競馬や競輪の払戻金など、仕事以外で不意に入った臨時収入にも税金はかかります。これらは所得の一種で「一時所得」と呼ばれます。「確定申告書類B」の「収入金額等」の一番下に「一時」という欄がありますね。

該当するのはギャンブルの払戻金、生命保険などの満期払戻金、立ち退き料や違約料、懸賞や福引きの賞金などです。

また、懸賞などで現金ではなく、車などの高額商品が当たった場合も、一時所得となります。ふるさと納税の特典もです。一時所得は50万円の特別控除がありますが、これを超える特典を受けた時は、課税の対象になります。

ちなみに宝くじの当選金の場合、税金はかかりません。何億円当たっても、確定申告の「収入」に計上する必要はないのです。

どうしても書き方がわからない……そんな時は？

税務署から取りよせる確定申告書類にはくわしい書き方のガイド冊子がついています。また国税庁のe-Taxのホームページには「よくある質問」などのコーナーも充実しています。どうしてもわからない時は、受付期間中に税務署で相談を。税務署には申告書作成会場が設置されています。また、税務署をはじめ市役所や公民館で開かれている無料相談会もオススメ。確定申告が近くなると開催されています。開催情報は市区町村のウェブサイトなどで探しましょう。

領収書整理や帳簿の記帳、確定申告書類作成まで一括で税理士に頼んでいる人もいますが、プロの税理士に依頼するには報酬が必要です。覚えるためにも最初は自分でがんばりましょう！

相談会場は、申告期限後半には混んできますので、ゆっくり相談したい時は早めの取り組みがオススメ。上手に活用を。

CHECK!

PART5
まとめ

白色申告と青色申告の10万円控除の手間はほとんど同じ

今は白色申告の人も、青色申告の10万円控除にしたほうが断然お得です。ただし、青色申告に変える場合はその年の3月15日までに申請することが必要ですのでご注意を。

いずれは「青色申告55・65万円控除」をめざそう

「青色55・65万円控除」は複式簿記が必須になる分ハードルが高くなります。でも会計ソフトを使えば計算が楽になりますので、勇気を出してチャレンジしてみて！

税務署などの無料相談会に足を運ぼう

わからないことは、税務署や自治体などで行われる無料相談会で教えてもらえます。相談に行く際は支払調書、帳簿、社会保険の領収書、各種控除証明など、関連しそうな書類を持参しましょう。

PART 6

日々の備えでお金を増やそう

無事に確定申告できました！
おめでとうございます！
来年は青色で申告できるように申請もしたし
できなかったら白色でもいいいんですもんね
とにかく経費と控除をバンバン使って節税するぞ！
この本もこの本も仕事に必要!!
ちょっと待った!!
「仕事」で使ったお金を見逃さずに経費に計上するのは節税の基本だけど
経費につながるからってムダ使いしないように注意してね

そうやってお金を使いまくっていつも口座の残高が少ないと日々の生活はきびしくなるよ
それにそんな節税処理では長い目で見ると確定申告書上で〝儲かってないフリーランス〟のイメージがついちゃうわよ！
ヒー
ある程度の所得金額があって正しく納税していればフリーランスでも社会的信用は得られるのよ
これこそお金では買えない価値！
あなた社会的信用なさそうだもんね
フリーランスはクレジットカードや不動産の審査が通りにくいっていうけど審査の時に見られるのはずばりココだからね
審査があるってわかってた？
全然考えてなかった

なるほどー還付金がもらえることしか考えてなかってたよ
長期的な目でお得かどうかを考えていかなきゃならないのよね
たとえば将来にどんなイメージを持っているの？
個人事務所を持つとかかな
私は自宅にオフィススペースもある広いところに住みたいなー
できればマンション買いたい！
まだ先の話だけど…子どもは欲しいかなぁそうなると戸建ても…
住宅ローンを組むかもしれないことを考えると
所得がある程度ないと借入れできないからね目先の節税にとらわれない視野が必要だよ

フリーランスとして安心して働き続けるためには
お金の情報に敏感にならなくちゃね！
社会や制度の変化もあってこの先いろいろ不安ですよ
税制は日々変化してるからね
だからこそ情報収集が大事ですよ
給付金や控除など知らないと損することもあるからね
でも確定申告をやってみてちょっとだけ税金のことがわかったし
こういうのくわしくなれたら社会人としてカッコいいなーと思いました

こういうお金の知識ってフリーランスの常識っていうか
むしろ大人の常識だよね
おまえが言うな
お金は使うことで経済がまわるからね
節約は大事だけど使うところは楽しく使って
スイーツ
バッグ
新しいスマホ
時計
抑えるところは抑えて賢く貯める！
メリハリが大事だよね
そうですね
税金を〝取られる〟って思うのと

社会を支えるために納めるって思うのとじゃ全然ちがうよね
なんにしても意識を持って払うことが大切なのかな
そうですね経費や控除社会保険などについていろいろ紹介してきたけど
人や状況によってベストな選択はそれぞれ違うからね
最新の情報をチェックしつつうまく税金や社会保険料とつきあっていこうね
ハーイ!
返事だけはいいな

STEP 01

銀行やクレジットカードとのつきあい方

◁ 明細記録は帳簿づけにも役立つ

ICカードは仕事用と私用を分けたほうがいいそうですが、銀行も使い分けたほうがいいんですか？

55万円65万円控除の青色申告で必要になる複式簿記を作成する時には、通帳をベースにした入力が必要になるから別々だと便利ですね。私用といっしょだと、私用の支出も「事業主貸」という科目で入力しなきゃならないから手間が増えるんです。

じゃあ仕事用の口座を作ろうかな。

クレジットカードも私用と仕事用を分けて、それぞれの銀行とひもづけするといいで

すよ！

ネット銀行はどうなんですか？

ネット銀行は明細をいつでも見られるのがメリットですが、記録を紙でもらえないのはデメリットかな。ただし、ネット銀行は金利が高いです。大手銀行では普通預金の金利が今や0.001％なのに、ネット銀行なら0.1％以上のところもありますよ。ATM手数料や振込手数料が無料のところもあります！　ネット銀行は店舗をほとんど持たず、多くのサービスをネット上だけで行っています。設備費や人件費を抑えた分、金利や手数料などで利用者に還元することができます。

↓POINT

帳簿づけに便利なのは、紙の通帳に記録が残る店舗のある銀行。こちらを仕事用にして、私用の口座をネット銀行にしてもいいかもしれません。定期預金もネット銀行のほうがお得ですから、「貯めるため」に開設してもよいですね。

STEP 02

メリットいっぱいの「ふるさと納税」

ふるさと納税ってよく名前は聞くけど、そんなにメリットあるんですか？
これって寄附金の一種なんですよね？

そう。ふるさと納税は、地方自治体を応援するために始まった制度です。自分の生まれ故郷に限らず、好きな地域を選べます。寄附をしたい自治体を選ぶか、あるいは「ふるさと納税」紹介サイトを見て欲しい返礼品から寄附先を探します。**申し込んで所定の寄附金を納めると「寄附金受領証明書」と返礼品が届きます。寄附金額から2千円の自己負担額を除いた額は、確定申告の際の「寄附金控除」に該当します。**返礼品がもらえる分お得です。

◁ 地域に貢献、お礼ももらえる！

返礼品はどんなものがあるのかなぁ。

ブランド肉、お米、野菜や果物などの食品や、電化製品も。「返礼品は寄附金額の3分の1の価格まで」という決まりがあるから、それにあわせて自治体も設定してるのよ。

正確には「お買い物」じゃないけど買い物するような楽しみもあって……社会貢献できて特典ももらえるって、ホントにいい制度なんですね。

あと、フリーランスの個人事業主は確定申告が基本必要なので、もともと確定申告の必要がない給与所得者に便利な「*ワンストップ特例制度」が使えないので気を付けて。また、ふるさと納税は所得税と住民税の控除がとれる、最適な「限度額」があります。支払う税金より多く寄附をすると損になりますよ。

＊ワンストップ特例制度とは、確定申告を行わなくても、自治体に申請書を送るだけで寄附分の税額控除（住民税）を受けられる便利な仕組みのことです。

STEP 03

「もうかったら会社にすべき」ってホント？

法人化にはメリットもデメリットもある

フリーランスでも収入が増えたら「税金対策のために会社にしたほうがいい」って聞くけど。

個人の税率は最大45%、法人の場合は最大30%なんですよね。

実際はどの程度収入があれば法人化すると得になるんですか？

600万円とか800万円とか、1千万円がボーダーとも言われますけど……収入というより、利益がいくら出るようになったか、の方がポイントかな～。法人化がなんで税金対策になるかというと、一番多い理由は**「お給料」**を自分に払えるからです。極端な

たとえになりますが、「売上から経費を引いた所得」を、すべて自分が「お給料」としてもらえば会社の所得は0円になります。給料は所得税率の低い範囲までにして、それ以外は法人の一定の税率で税金を払うというように、分配することで節税が可能なのです。

ただし会社を設立するとなると、社会保険（厚生年金）に加入することになりますし、それなりに出ていくお金も増えます。確定申告書も法人用のものになるので作成は税理士さんの手を借りなければちょっと難しいです。

本格的なんですね！　できるかなぁ……。

所得500～600万円以上なら法人化して得になるかも。たいへんですけどね。でも、個人事業のほうが楽とも言い切れない状況ではあるよ。これまでは所得が1千万円以下のフリーランスは消費税を払わなくてよかったけど、**今後2023年に始まる予定のインボイス制度では所得が1千万円以下でも「消費税を収め、かつ〝課税事業者〟として登録」しないと不利益をこうむる**こともあるそうです。

どちらにしても、簡単にいくようなものではないんですね……。

仕事する場所や時間、取引先、仕事の内容などを自由に選べるのがフリーランスの魅力です。自分にとって大事なものを優先しながら、成り立っていけるようにバランスよく目配りしてくださいね。

はい！　とりあえず一国一城の主として、お金のことをおろそかにしないで勉強していきます！

↓POINT

100万円の利益が出て税金を払いたくないからと100万円支払ってなにか購入し経費を作ったとしても手元に残るお金はゼロ。一方、あきらめて税金を払ったとすると全額はなくならないため、税金を払っても手元にお金が残ります。

利益が出てくると、所得税、住民税、事業税、消費税、国民健康保険、国民年金……と税金ばかり払っているようで「節税」したくなりますが、**利益を出す↓税金を払うを繰り返していくことで手元資金を残せるようになるはずです。**

CHECK!

PART6 まとめ

将来を見すえて ライフプランを考えよう

フリーランスとして働き続けていくために、少しずつでも将来のことを考えましょう。税制やお金に関する情報に敏感になり、不測の事態にも備えながら生活の基盤を築いていくことが大切です。

銀行は賢く使い分けて

「紙の収支記録」が通帳に残る銀行、金利が高くて24時間使えるネット銀行。それぞれのメリットを把握して、仕事用とプライベート用の銀行を使い分けましょう。

所得500～600万円からでも 法人化はめざせる

1人の会社でも「社長」の肩書きが手に入り、社会的信頼も得られます。会社にかかる税金も各種あり手続きも煩雑ですが、挑戦したい人は税理士さんに相談してみましょう。

監修

益田《ますだ》あゆみ

税理士。益田税理士事務所代表。金融系上場会社にて税務を担当した後アメリカに渡り、ニューヨークの会計事務所で日本の税務にも精通した税理士として大きな実績を上げる。帰国後、国際税務だけでなく、日本の税務を中心に提案型の女性税理士として脚光を浴びる。特に、個人事業主や中小企業に対する提案は、税務のみならず多岐に渡り、多くの事業者・開業者から信頼が厚い。これまでの監修に『個人事業の経理と節税のしかた』(西東社) がある。

編集協力　栗生こずえ
デザイン　八木孝枝
イラスト　わたなべじゅんじ
DTP　株式会社エヌ・オフィス

※本書に掲載している情報は、2021年2月現在のものです。法律の改正などにより、条件や手続きなどが変更される可能性があります。

難しいこと分からなくても
フリーランスがお得に節税できる
申告の仕方教えてください!

2021年3月25日　初版第1刷発行

監　　修　益田あゆみ
発 行 者　佐藤　秀
発 行 所　株式会社つちや書店
〒113-0023　東京都文京区向丘1-8-13
TEL 03-3816-2071　FAX 03-3816-2072
HP http://tsuchiyashoten.co.jp/
E-mail info@tsuchiyashoten.co.jp
印刷・製本　日経印刷株式会社

落丁・乱丁は当社にてお取り替え致します。